生命，因閱讀而大好

給在我
離開後的你

史蒂夫‧萊德 Steve Leder　著

黃意然　譯

目
錄

序　言　為所愛之人，留下你希望他記得的話……004

第一章　你有什麼遺憾的事？……027

第二章　你什麼時候聽從自己的心意？……051

第三章　什麼事情讓你感到幸福？……075

第四章　你最大的失敗是什麼？……089

第五章　讓你度過最大考驗的是什麼？……107

第六章　什麼樣的人是好人？……129

第七章　愛是什麼？……149

第八章　你曾將某個人從你生命中剔除嗎？……165

第九章　你希望人們記得你什麼樣子？……181

第十章　有什麼好的建議嗎？……197

第十一章　你的墓誌銘會寫些什麼？……215

第十二章　你最後的祝福是什麼？……229

後　記　最後一次告別，不談悲傷只說愛……244

致謝詞　……250

序言

為所愛之人，留下你希望他記得的話

沒有嬰兒知道他最後一次將乳頭從嘴裡拔出是何時。沒有孩子知道何時是他最後一次喊母親「媽媽」。沒有小男孩知道讀給他聽的最後一個睡前故事的書何時會闔上。沒有男孩知道他和兄弟最後一次一起洗澡的水何時會流光。沒有母親知道這是她最後一次聽到「媽媽」這個詞。沒有父親知道他讀的最後一個睡前故事的書何時會闔上。

——強納森・薩法蘭・弗耳[1]

想 想那個丈夫認為妻子的聽力越來越差的笑話吧。他非常煩惱，因此把這事告訴了他的醫師。醫師給了男人一個測試方法，讓他稍後試試，以診斷他太太問題的嚴重程度。醫師建議：「你回到家後，在你太太背對著你時，站在離她大約三十

---

1 Jonathan Safran Foer，美國小說家。

呎的地方，問她晚餐吃什麼。如果她沒有聽到你說的話，就走到她背後大約十五呎的地方再問一次。要是她仍然沒有聽見你的聲音，就站在她身後五呎的地方，提高音量說：『晚餐吃什麼？』這麼做應該可以讓我們知道她的聽力問題到底有多嚴重。」

於是男人回到家後，在三十呎外問他太太晚餐吃什麼。沒有回應。十五呎外，還是沒有回應。終於，他站在妻子身後五呎處大聲喊道：「晚餐吃什麼？」這時他太太轉過身來大吼：「我他媽的已經告訴你三次了，晚餐吃雞啦！」

有時候在不知不覺間，我們對周遭人的聲音充耳不聞，這就一點都不好笑了。尤其在關係到孩子和父母時更是如此。我記得我兒子十六歲的那年夏天，在加州馬里布的住宿營擔任實習輔導員。僅僅過了兩天，他就萬分沮喪地打電話跟我說：「爸，小鬼們都不聽話！」

「謝天謝地，你和你妹妹從來不會那樣子。」我回答道。他聽懂了。

不光是孩子有時會不聽他們慈愛的父母的意見和告誡。我非常喜歡的一位創作歌手史蒂夫‧古德曼（Steve Goodman）的一首

歌中，有段令人心驚的歌詞。那首歌的歌名是〈我的老爸〉（My Old Man），是古德曼在他父親巴德・古德曼（Bud Goodman）過世後寫下的。在這段特別的歌詞中，他唱到了他父親對他說過的所有事情，當時他不聽，如今父親走了，他多麼希望能記得那些事情。

很多人不曉得，但有一種強大古老的方法，可以在我們走後對我們深愛的人說話，讓他們能夠記住我們在世時曾經說過、教過他們的重要事情。猶太人從十一世紀開始就在德國、義大利、西班牙這麼做，現在幾乎在他們生活的所有地方都是如此。任何人都做得到。

我的父親不知道這件事，之後他就罹患阿茲海默症而喪失了心智功能。

到了一定年紀，我們大多數人都會有某種遺產計畫和遺囑，以決定誰來繼承我們有形的財產和金錢——假如我們夠幸運、死後有多餘財產的話。一旦計畫完成，簽了遺囑，很多人就覺得自己已經達成了一項任務，做了對他們的繼承人有益的事。然而，我們經常忘了還有其他我們應該給予的更重要的財富——那些我

希望我父親仍在世上可以傳授給我的東西，包括價值觀、希望、忠告、深切的愛，以及累積了一生的智慧，可以留給那些在我們走後繼續生活的人。

　　我當拉比[2]已經三十五年了。在這段期間內，我主持過一千多場喪禮，寫過一千多篇悼詞，並曾與一千多個失去親人的家庭並肩而坐。與死亡打交道多年的經驗，以及我父親的逝世讓我明白，儘管我們一生中花費許多時間工作賺錢，以購買所需、收集東西、穿戴、駕駛和居住，但當我們離開時，這些物質對我們所愛的人而言幾乎沒什麼重要性。

　　沒錯，我們的文化試圖教導我們的並非如此。我們從小接受的教育要我們相信物質的力量——我們的自我價值多少與我們的資本淨值有關。不相信的話，試著問熟人他們的資本淨值有多少，看看會發生什麼事——他們願意告訴你是否有痔瘡的機率還更高一點！仔細觀察大多數的雜誌廣告或電視廣告，你會發現我

----

2 拉比（Rabbi），猶太人中的特別階層，是老師、智者的象徵，社會地位尊崇，負責主持猶太教的宗教儀式。

們如何受到誘惑而賦予物質真正的意義。大多數的廣告不是在賣產品本身，而是擁有產品後將會擁有的美好、令人興奮或富有意義的生活。

我永遠忘不了在我父親過世後，看見他大多數的「遺物」成堆疊放在我父母居住的連棟房屋地下室的地板上——大部分都沒有人想要，就連舊貨店也不收。亞伯拉罕・約書亞・赫舍爾[3]說得對：「擁有更多不代表生活更富足。」換句話說，人生的目的不在於擁有，而是存在。

某年母親節，作家唐娜・弗雷塔斯（Donna Freitas）描述了她渴望從十七年前去世的母親那裡得到什麼。

今年六月將是我母親逝世的十七週年。整整十七年沒有跟母親說話，也沒有告訴她任何事情。整整十七年沒有問她問題，也沒有為了某件事打電話給她，搞得她抓狂。整整十七年，她沒

---

3 Abraham Joshua Heschel，生於波蘭的美國猶太教拉比，是二十世紀頂尖的猶太神學家及猶太哲學家。

有因為這事或那事來煩我。整整十七年來，我一直希望能夠請教母親給我一些建議，有關我的人生、我的選擇、我是否該生個孩子、我在離婚後如何活下去。整整十七年來，我一直想聽母親對我說，無論我選擇什麼、遭遇什麼、可能犯下了什麼錯誤，她都愛我。

在希伯來語中，言詞和東西是同一個字（Davar）。對我來說，這是非常深刻、富有靈性的概念。言詞具有分量、重量；和我們曾經擁有或遺留的任何「東西」一樣具體有形。

所以，讓我們為自己所愛的人留下一些話吧，以便在我們走了很久之後還能與他們同行，不要等到臨終之際才找到這些話語，精心創造出更有意義的遺產。本書將提供正確的問題讓你自問，以找出真正重要的言詞。

或許我最重要的訊息是：「不要等待。」因為沒有人真的知道哪次對話可能會是我們最後一次交談。

當我和一群朋友聯絡，請他們為了自己，為了他們所愛的人，也為了你回答這本書所提出的問題時，我認為我是在請求協

助——他們都非常忙碌，我卻邀請他們深思一些人生中最重要、最困難的問題。他們之中有非裔美國人、印第安人、白種人、西班牙人，以及異教徒、猶太教徒、穆斯林和印度教教徒。其中有異性戀和同性戀、單身及已婚，也有順性別與跨性別，有的有小孩，有的無小孩。有些人的父母在納粹分子對猶太人的大屠殺後倖存下來，有些人的父母在他們年幼時就過世；還有一些人經歷了早年喪偶、對抗癮頭、抵擋憂鬱症，敗了又勝，敗了又勝。有的人聲名掃地舉國皆知，有的人鋃鐺入獄，或者有孩子坐牢，有好幾位罹癌後倖存下來，有些人赫赫有名，有些人沒沒無聞。

儘管我覺得這些人願意檢視自己的內心和靈魂來面對這樣的問題，是幫了我極大的忙，但是他們所有人都反過來感謝我，無一例外。彷彿是我幫了他們的忙。為什麼？我想，首先是因為我們每個人都有故事，我們其實很想述說自己的故事；希望人家知道我們的故事，至少讓我們最愛的人知曉。

諾貝爾文學獎得主艾薩克・巴什維斯・辛格（Isaac Bashevis Singer）說：「死者哪裡都沒去，他們全在這裡。每個人都是一座墓地。一座真正的墓地，裡面躺著我們所有的祖父母、父母、

妻兒。所有人都一直在這裡。」這按照字面意義來說確實如此，因為我們體內都有祖先的DNA；就隱喻的意義來說也是正確的，因為我們承載著家譜裡每個祖先的人生故事、經歷、智慧、失敗與美好，而且不僅是家人的，還有每個我們關心的人、每個以某種方式影響我們生活的人的。當然，這只有在我們知道故事的情況下才成立。唯有如此，我們才能學習這些故事所教導的價值觀與理想，以及是非對錯，並且依此來生活。我們無法從沒有人告訴過我們的故事中學習。我想，朋友感謝我的部分原因是，我們都想和所愛的人分享自己的故事，但往往無法抽出時間，或不知該從何開始。

　　講述我們的故事既是為了別人，也是為了我們自己──這是反抗宿命論的一種方式。宿命論認為我們無法掌控自己的人生，或者更糟糕的是，到最後我們的人生根本不重要。但我們的人生故事確實重要，尤其是對那些愛我們的人而言；此外，我們可以決定自己大半的故事，並且在過程中改變敘事。不過，那些改變取決於向自己提出正確的問題，這些問題提醒我們真正重要的是什麼，並清楚地揭示我們人生中相應的抉擇。

有一次，我因為害怕自己犯了嚴重的錯誤而驚慌失措時，一位朋友對我說：「我已經放棄了對美好過去的所有希望。」我們無法改變過去，但可以藉由了解過去來改變未來。在這本書中，我們將要提出的問題可以讓我們更清楚自己的價值觀和夢想，以及我們是否真的在實踐這些價值觀和夢想，或只是宣稱而已。

　　講述自己的故事，是分享我們一路走來所發現的意義和喜悅，以及我們對他人和生活本身的熱愛程度的一種方式。這不僅表明我們這些說故事的人很重要，那些摯愛的聽眾也很重要。與人分享我們的故事是在表達：你對我來說很重要。

　　假如我們不說出自己的故事，誰會幫我們說？

　　我的朋友感謝我，還有一個非常簡單卻又難解的原因。我們一生中花費許多時間推遲如本書建議的那樣將自己的故事告訴親人，因為我們一直在否認死亡。在我們一生的大部分時間裡，大多數人都盡量避免思考我們終將一死的事實——我們非這麼做不可。我們還年輕，我們所向無敵、雄心勃勃，我們不願意去想這一切總有一天會化為烏有；我們總有一天會變成一場空。我們的朋友、父母，甚至連我們的祖父母往往都活得好好的，茁壯成

長、開懷暢笑、相親相愛。除非必要，否則誰願意想像情況會有所不同？況且我們生活在盡可能與死亡保持距離的文化中。大多數人不會在家死亡。無論我們在哪裡過世，經常都是由一輛廂型車匆匆載走，直到經過化妝修飾、穿上合適的衣服後才會讓我們所愛的人看見。我們說「安息吧」之類的話，彷彿死者只是睡個長長的覺。我們會用一些像是「我們失去了爺爺」或者「她離開了」的委婉說法。

在內心深處，我們知道自己只是血肉之軀，在未來的歲月或是明天都會出現衰退或遭逢不幸。回答本書中的問題，就是要面對我們的時光轉瞬即逝的事實。我們都避免直視太陽，但這表示太陽的光芒沒有每天照耀著我們四周嗎？死亡的陰影也是如此。我猜想我的每一位朋友都感謝我，是因為他們每個人以這種方式面對自己的死亡後都感到如釋重負。他們的回答賦予了他們的人生樣貌和意義，並且帶給他們每個人及其所愛的人在他們死去後都能延續下去的希望。我想，講述自己故事後的寬慰和滿足，促使一位朋友在我向他道謝之後說：「我才該謝謝你呢。」我的朋友們以記述自己對他人最深切的信念和願望的形式來深思面臨死

亡這件事，多少因此感受到自己的生命更永存不朽，而不是更為
短暫。我想你應該也會如此。

　　卒於一七六四年的喬納森‧埃貝舒茲拉比學問淵博，不僅在
猶太人之中，在基督徒中也享有盛名。在某個安息日的早晨，拉
比在前往猶太教堂的途中遇到了布拉格的市長，他是位皇室的王
子。「拉比，一大清早你要去哪裡？」王子問。

　　「閣下，」拉比答道：「我不知道我要去哪裡。」

　　這位貴族認為拉比的態度輕率無禮，因此下令以公然對當局
不敬的罪名將他逮捕。當他被戴上鐐銬押走時，拉比對市長說：
「閣下，您現在明白了，我並不知道自己要往哪裡去，因為我以
為我是要去猶太教堂，但顯然我現在是走向絞刑架。」

　　聽到這句話，王子露出笑容，釋放了他。

　　「您瞧，」拉比繼續說道：「我以為我是在前往猶太教堂的
路上，卻走向了劊子手，現在我又往猶太教堂走了。我們沒有人
真正知道自己要往哪裡去。」

　　我們不喜歡思考這件事，但事實是，我們沒有人能夠擁有永遠，沒有人真的知道死亡何時會降臨到自己身上，死亡會是個令人震驚的意外，還是個安詳的朋友。儘管我們有時因為渴望生存而否認死亡，但有時也承認死亡才能好好生活、珍惜每一刻。我們有時需要分享自己生命中最深刻的真相，讓我們所愛的人知道並且留存，即使是在我們走了以後，尤其是在我們離開的時候。

　　以我的傳統──所謂「道德遺囑」的形式為親人留下遺言的傳統，可回溯到很久以前。我在上一本書《遺留之美：我們最大的恐懼如何變成最美好的禮物》（ *The Beauty of What Remains: How Our Greatest Fear Becomes Our Greatest Gift* ，暫譯）中寫到這個做法時，很多人對此感到驚訝。幾乎每個訪談節目、新聞節目、播客的採訪者都問我有關道德遺囑的問題，因為他們以前從未聽說過這個古老的傳統。很多人還請我讀一段我自己的道德遺囑，那篇遺囑發表在那本書中。我把那篇遺囑再次收錄在這本書的末尾當成例子，說明當你將所有問題的答案集結在一起可能會是什麼樣子。我將我的答案寫成一封信，留給我的兩個孩子。

　　有些人認為道德遺囑的傳統可以回溯到《聖經》的時代，

在《創世記》第四十九章一～三十三節，雅各臨終前將兒子召集到他的病榻前，給他們祝福。其他《聖經》中道德遺囑的例子包括《申命記》第三十二章四十六～四十七節，摩西指示以色列人要成為聖潔的子民並教導他們的孩子。在《道德遺囑：把你的價值觀寫下來》（*Ethical Wills: Putting Your Values on Paper*，暫譯）一書中，作家貝瑞‧貝恩（Barry Baines）提到《新約聖經》裡也有口頭道德遺囑的例證。他指出約翰福音第十五～十七章描述耶穌給他的信徒臨別的忠告與祝福，以及《馬太福音》第五章耶穌祝福他的門徒。早期拉比敦促為人父親者，將他們傳統的教義和價值觀以口述方式傳達給他們的兒子，後來則改成寫信的形式。

現存最古老的書面道德遺囑是沃木斯的以撒之子以利亞撒所寫的（大約是在西元一〇五〇年）。以利亞撒在即將死亡時，更加意識到自己身為父親所犯的錯誤，決定在道德遺囑中彌補過錯。例如他說：「不要想著邪惡，因為惡念會導致惡行……淨化你們的身體，那是你們靈魂的居所……將你們所有的食物都留一份獻給上帝。要將最好的一份獻給上帝，並送給窮人。」在信中，他列舉出兒子們應該做的事，例如在恰當的時間背誦希伯來語的祈禱文

「示瑪」，以及在床邊放水，以便早晨一起床就可以迅速洗手。以利亞撒的遺囑也是很好的例子，說明父母以這樣的形式坦白說出自己的缺點，會讓孩子更喜愛他們，而不是討厭他們。

我們從現存的資料來看，這些起初是父親寫給兒子的書面信件，後來被稱為道德遺囑。伊斯雷爾‧亞伯拉罕斯（Israel Abrahams）教授是一八五八年生於倫敦的頂尖學者，他曾寫過一本有關中世紀猶太人的重要著作，他在一九二六年出版的《希伯來人的道德遺囑》（*Hebrew Ethical Wills*，暫譯）一書中很可能創造了這個術語。他收集研究道德遺囑有很多原因，其中最重要的是這些遺囑是「我們所擁有關於中世紀和近世的猶太父母對待孩子態度的豐富資料來源。」

在大屠殺期間，有一些令人毛骨悚然、較為現代的道德遺囑的例子。許多內容要求嚴懲。在比亞維斯托克猶太人區的猶太人地下組織裡有一位名叫齊波拉‧比爾曼的成員，她在道德遺囑中要求「報仇，報仇──不要留情，也不要感情用事。」

有些在大屠殺時期的道德遺囑比較抱持希望，例如這篇於一九四〇年刊登在猶太人區報紙《華沙－克拉科夫》（*Warsaw*

Kraków，暫譯）上的一位母親的遺囑，署名「你的母親」：

　　我的孩子，知道了這件事，你的心還會沉重嗎？你還會說受不了自己的命運嗎？可是我的孩子，你非承受不可，因為你接受到這樣的指示；這是你的使命，你的任務，你在世上的目的。

　　你必須去和其他國家的人一起工作……你要教他們，他們必須來到國際兄弟會，來到所有國家與上帝的聯盟。

　　你可能會問：「我要怎麼對他們說？」你就這麼說：「不可殺人；不可偷盜；不可貪戀；要愛人如己……」照這樣做，透過這些行為的功績，我的孩子，你就會得勝。

　　八十年後，一位朋友在回答我為這本書提出的問題時，惋惜那一代沒有隻字片語留傳下來：

　　我非常遺憾在我母親早逝前，沒有記下她口述的歷史。她十幾歲時從白俄羅斯的戈麥市來到這個國家。我從來沒有把她的

回憶記錄下來。我對在那裡的家人一無所知，他們大多數人都在大屠殺中喪生。我的外祖父是什麼人？他長得什麼樣？我們祖先埋葬的墓地在哪裡？媽媽為什麼要穿越滿洲、中國、日本，到達美國？我的根源現在難以查找了，那表示我孫子的家庭回憶只能追溯到一九一五年。我瘋狂地嫉妒祖先可以回溯到好幾世紀前的家庭，有些甚至可以追溯到被驅逐出西班牙。我們是個古老的民族；我有點像個空想家，漂浮在遙不可及的事實之上。

　　毫無疑問地，古老與現代的道德遺囑都教給我們許多有關他們各自時代及價值觀的事，但最重要的是，它們教了我們跨越千年、超越任何一種宗教傳統的恆久價值觀。如同亞伯拉罕斯所提到的：「將現代化之前與當代的道德遺囑傳統緊繫在一起的，可能是某些恆久的人類價值觀，因為到末了，愛與寬容的精神似乎具有終極的意義。」一份道德遺囑的結尾，通常是指引遺囑作者一生的終極價值觀，希望這價值觀能在作者離世後繼續指引他們的繼承人。

　　我非常喜歡的一個範例是來自很久以前，由十八世紀的波蘭

猶太人亞伯拉罕‧謝瑪利雅的兒子喬爾所寫的道德遺囑，他在結尾寫了這段話：「最重要的就是和平，與整個世界和平相處。」

　　儘管我覺得自己是對他們提出不合理的要求，但是當我邀請朋友參與本書展開過程中我們都將投入的這項練習時，他們不僅感激而且感到榮幸。我想這是因為在某種程度上，我們其實並不相信自己的故事那麼有趣或重要，也或許我們認為沒有權利強迫別人接受我們的看法和價值觀。對此我想說，倘若在那些深愛我們且我們摯愛的人離開之後，我們身邊沒有他們的故事和價值觀，生活將會多麼地貧乏和糟糕。同樣重要的是，我們深愛的人的故事可以激勵我們說出自己的故事。

　　十五年來，我在全國各地指導道德遺囑寫作班，每次在課程末了有人站起來唸他們自己的版本時，總是會落淚，不是因為悲傷，而是因為表達出來的愛。

　　道德遺囑，或有時被稱為「遺書」，現在是許多遺產規畫律師向客戶建議的常規內容之一，也是安寧緩和療護方案的一部

分，目的是讓病患安心。這招確實奏效。

　　刊登於《赫芬頓郵報》的文章：〈我父親創作了一份「道德遺囑」。我在此說明那是什麼意思以及你為什麼也想要一份〉中，作家凱莉‧傅利曼（Carrie Friedman）如此寫道：

　　作為他自己遺產規畫的一部分，「我爸」將他的口頭書信錄成錄音帶留給我們——他的三個孩子，以防萬一他突然遭遇不幸。幾十年來，每當我的兄弟姊妹或是我找到新工作或配偶、生孩子、養狗或失去了狗，他都會更新錄音帶的內容。

　　他告訴我們和他的客戶：「要不斷更新現況。每個人都應該知道自己多麼受到喜愛。」

　　他為最壞的情況做好準備，但是我們對發生在他身上的事卻毫無心理準備。巴金森氏症和失智症突然侵襲他的大腦，在短短幾年內，他才七十二歲就幾乎無法說話或走路了。我的巨人父親，這位相信要在先人的基礎上發展的男人，記不得我們的名字，遑論我們子女的名字。

　　由於他給我的兄弟姊妹和我的教誨，也因為看到他的遭遇，

我和丈夫經常更新我們在電腦上的道德遺囑……我告訴女兒希望她們在我走後知道的事。我提出實用的建議：「盡量不要讓別人的不安全感影響你自己的行為和信念。」「接近狗的時候，手心永遠朝天，這樣狗就知道你沒有惡意。接近某些人的時候也是如此。」我還提供了一些意見：「有一天，你會考慮去紋身。沒問題，只是不要紋在臉上。絕對不要在臉上。」

「拜託，不要把你上大學的基金花在膠原蛋白上。」我試著搞笑。我盡量不去想像她們讀到這篇遺囑時會是多大年紀。最重要的是，我一定要將自己對她們無條件的愛表達出來。我也像我爸爸那樣大聲地說出來。

三十五年來，我和不同的家庭聚會，談談在他們所愛的人過世之後的情況。我需要聽他們的故事不僅是為了準備悼詞，更為了幫助每個家庭了解到，人雖然死了，但愛和遺產並沒有離去。

經常有人問我，這麼多年來，我如何與那麼多家庭坐在一起，傾聽那些我不認識的人的故事，並試著將那人的精華記錄在

幾頁紙上。我的回答總是一樣：如果你問對了問題，那麼每個人的人生都有歡樂、悲傷、冒險、愚蠢、明智；每個人的生活都很有趣；每個人的人生都是你生活的教科書。聆聽別人的故事，豐富了我的生活，激勵了我的人生，讓我的人生變得高尚。我不會想要其他方式的生活。

　　當我坐下來思考這本書裡要放入哪些問題時，大約花了十五分鐘想出這份清單。十五分鐘與三十五年。至少從我當拉比以來，我就一直苦思哪些是真正重要的問題，我自己也在思索答案；與哀傷的家庭坐在一起，聽他們代表死去的親人回答這些問題，不只是為了了解他們生活的實際情況，更重要的是，了解真相。這些問題都是經過深思熟慮，而我提問題的順序也是經過一番思量。這些問題幫助了無數的家庭述說他們親人生命中最深刻、最真誠，往往也是最美好的真相。可惜的是，遺囑通常只能猜測答案，因為逝世的人從來沒有花時間以清晰、恆久的方式分享他們自己對這些問題的回答。

　　這本書邀請你回答同樣的問題，產出你可以拿來創作道德遺囑的素材，讓你所愛的人在你離開之後，不必猜測哪些價值觀、

文字或祝福會成為你留給他們的遺產。

　　這十二個問題中的每一個問題，我都以一章的篇幅來介紹。在每一章中，我都會告訴你為什麼我認為這個問題值得提出來。然後，我會提供許多人跟我分享的答案當例子，這些人是我邀請來參與這本書的，他們都明白自己的話語也會分享給你。我希望你會和我一樣深受他們的答案感動，希望他們會激勵你和他們一起努力思索這些問題。當然，具體細節會是你自己的，不過，你也可能發現自己在挖掘一些普遍的觀念，像是愛、善良、家庭關係和寬恕等等。在每一章的結尾，我都會向你提出問題。

　　我曾經寫過兩次道德遺囑給我的孩子，一次是在我四十歲的時候，一次是在五十九歲時我父親過世之後。我父親罹患阿茲海默症長達十年，在那段期間，我盡量每隔幾個月就從洛杉磯到明尼亞波利斯探望他。我看著爸爸漸漸地衰弱下去，但不知道哪一次與他的交談會是我們最後一次談話。我從未想過某次探望他時，他還能說話理解，下一次他就會在餘生中幾乎完全沉默不

語。他已經過世四年了，如今我母親也罹患了失智症。由於父親逝世、母親失憶，因此我有了改變；還有我的意見、領悟、夢想，以及對自己確實存在而嚴重的缺陷的理解也產生了變化。

　　和我一樣，我的道德遺囑也持續在進行中，隨著我的人生發展和我失去摯愛的人而逐步展開。我們所有人都是如此。我們都是由自己的故事組成——那些關於我們的創傷、得來不易的智慧、歡笑、喜悅、痛苦、療癒、失敗與愛的故事。在我們的故事中，有很多值得我們教導別人，也有很多值得我們所愛的人學習和保存。畢竟，我們的故事是由言詞所組成，而言詞是在我們離開後所能留下最真實、重要的東西。正如凱莉·傅利曼的父親所說的，每個人都應該知道自己多麼受到喜愛。

　　那我們開始吧……

For You

When

I Am Gone

| 第一章 |

你有什麼遺憾的事？

盡量利用你的遺憾；絕對不要壓抑你的悔恨，但要照
料和珍惜它，直到這股悔怨擁有單獨、完整的重要性。
深切地懊悔是為了重新生活。

——亨利・大衛・梭羅[1]

---

1 Henry David Thoreau，十九世紀的美國作家、詩人及哲學家。

馬克臨終的時候，我拉了一張椅子到他的床邊。我們閒聊了幾分鐘，聊他的安寧療護，以及他的妻子與孩子在他們重組的家庭中似乎狀況良好。然後我們聊得更加深入。馬克對我述說了幾件他理應感到自豪的事；接著他清點自己覺得遺憾的事。和大多數人一樣，他遺憾的並不是他曾做過的事——人們通常會漸漸原諒自己犯的過錯。有些人並不認為他們的遭遇或他們曾做過的事是錯誤的，因為他們以當時自己所知的一切盡可能做了最好的決定。我的朋友卡洛琳如此說道：

事實是，我不會做任何不同的決定。沒錯，有些事情結果很糟，但我只有到事後才能明白發生了什麼事。倘若我讓自己回到那時的我，回到當初我做出決定的當下，我不會改變我的抉擇。在當時，這些是正確的決定，即使有時我到最後並不喜歡這樣的結果。我的建議是：假如你不喜歡某件事的結果，不要浪費精力去後悔，要從中汲取教訓。

而我的一位朋友是一座大城市的市長，他甚至說：

　　我總是盡量把握每次錯誤並好好珍惜它。這是雙贏的局面：你犯的錯誤越多，就會得到越多學習的大好機會；你犯的錯誤越少，就可能會變得越來越聰明、越來越熟練。很多人害怕採取行動──他們希望別人先行動，找出問題，加以改進並完善它，然後他們再來跟進。這種做法多麼無聊啊！

　　其他沒有遺憾的人都是懷抱著信仰，相信所有的決定與情況最終都掌握在神的手中。我的朋友亞曼達告訴我：「我沒有做任何當初想做的事情。」亞曼達的丈夫年紀輕輕就死於新型冠狀肺炎，留下她和他們六個月大的寶寶。儘管如此，她說：「我願意相信上帝引導著我的人生，總是把我放在我需要存在的地方，帶領我到我該去的地方。」

　　然而卡洛琳、亞曼達、市長只是少數。我們大多數人對於自己的人生都有確實存在的遺憾，我們大多數人都和馬克一樣，我們遺憾的不是生命中做過的事，而是沒有做過的事。我發現與我交談過的臨終者絕大多數都是如此。聖賢說，當我們死去的時候，會「被要求說明我們在世時原本可以享受卻沒有享受歡樂的

理由」是有原因的。

　我一直很喜歡馬克的一點是，他很容易開懷大笑，而且他笑的時候整個臉都亮了起來。因此，我決定讓他回想起很多年前他在我們男士小組中說過的一個故事。

　當晚的主題是「是什麼讓我們裹足不前？」輪到馬克的時候，他描述了他在三十出頭時參加的一場派對，當時他和後來成為他第一任妻子的女性剛開始交往。在那段日子裡，馬克到了週末就會擺脫平日需要穿西裝打領帶的企業律師形象，騎一輛黑鉻雙色的摩托車找樂子。他抵達派對會場後，將他的摩托車安全帽和黑色皮夾克放在長沙發上。不知何故，多年後講述這個故事時，他想不起來當時為何獨自去參加派對。他清楚記得的是當派對變得越來越吵鬧、有點瘋狂的時候，一位美女從長沙發上拿起他的摩托車安全帽和黑色皮夾克，大聲問道：「這是誰的？我想要去兜風！」但馬克……卻一聲不吭。「這五十年來我一直想著，」他對著男士小組的其他人說：「要是我說：『那是我的。我們走吧。』我的生活會變成什麼樣。」

　心理學家威廉・馬斯頓（William Marston）問了三千人這個

簡短的問題：「你活著是為了什麼？」他發現百分之九十四的受訪者只是在忍受目前的生活、等待著未來。他們在等著什麼事情發生——等候合適的男人或女人；等待孩子長大；等著抵押貸款付清；等候假期；等待退休；等著參與社群活動；等著學習新的技能或嗜好；不斷地等啊等。我們之中有百分之九十四的人一直在等待，而新的每一天都從我們身邊經過。

　　幾年前，我教會的一位高中青年團契成員，在南美洲一個小村落待了一學期後回到洛杉磯。「那裡和這裡最大的差別是什麼？」我問道。「那裡的人比較快樂，」她毫不遲疑地說。「他們擁有的比我們大多數人少得多，但是他們快樂多了。他們更常唱歌跳舞、更常慶祝。家人一起用餐。在生病時互相照顧。他們幫助遭遇困難的鄰居。」

　　我們大多數人上一次唱歌跳舞是什麼時候的事了？我們全家人多常坐在一起用餐、慶祝、開玩笑、擁抱，就像一家人應該做的那樣？我們有多少人認識鄰居，更別提在他們有困難的時候伸出援手了？那我們自己呢？我們有多少人是在等待而不是好好生活？等著開始多讀書、少看電視，開始運動，多活在當下，多

花點時間陪伴孩子和另一半，當個更好的兄弟或姊妹、兒子或女兒、同事或朋友？我們有多少人在等著蒔花弄草，或繪畫、健行，或者放鬆，抑或參與社群活動或慈善活動，以幫助生病的人、保護地球，或是幫助極度貧困、脆弱、迷失的人？我們之中有百分之九十四的人都在等著抓住周遭的機會，然後慢慢地或是突如其來地，就再也來不及去兜風了。

　　我在詢問一個人的生活時，很早以前就得知一件令人訝異的事——多數人不僅為了自己沒做的事感到遺憾遠多於做過的事，而且正如我在此與你分享的答案所反映的，這些事情之間有顯著的共通性。我們所有人最後幾乎都為了錯失幾種相同的機會而感到遺憾。

　　對我們許多人而言，之所以遺憾，是因為一心想符合他人的期待，而沒有抓住機會、沒有追求夢想，或是在伸手求助之前，選擇獨自承受了太久，或者在最重要的時刻沒有出現在最重要的人身邊，因此永遠錯過了寶貴的時刻。

　　在這一章中，我根據回答這個問題的人一再提到的共同主題來整理例子。希望你即將讀到的遺憾，能夠幫助你思索並分享自

己的遺憾，好讓你至愛的人不會有那麼多遺憾。

我很遺憾等到別人認同了我的想法，才去追求自己的夢想。我克服了這一點！面對自己的恐懼……就能避免這個問題。我建議多失敗幾次，這麼做能夠磨平失望粗糙的邊緣，讓你可以學習成長，而不是停滯不前。

我最遺憾的是，我這一生沒有早點傾聽自己靈魂的聲音。我因為「被自己困住」而給所愛的人帶來痛苦和憂傷，對此我感到羞愧。我知道避免這種錯誤的唯一方法是，不要擔心怎麼做看起來比較好，只要好好做就對了。我祈禱我的女兒、姪女、姪子、孫子能夠以我彌補過錯為榜樣，並以熱情與愛實現他們的目標。

我有權利抱怨我有豐富多樣的職業選項嗎？我選擇了其中一種，而且

我認為自己達到了一定程度的成功。但是回顧大約八十年的人生，我仍然想知道，倘若我不只選擇了現在從事的職業，並且找到方法積極地嘗試在第二扇門、甚至第三扇門後面的東西，我的世界將會是什麼樣子？多年來，我一直有機會帶領一個國際機構，處理宗教內部及不同宗教信仰之間的關係。我還有攻讀博士學位的機會，可以進入學術界，在我熱愛研究的領域。

我選擇了第一扇門。我依循著人們普遍認為的假設：一旦選擇了一種職業，就必須終身從事這份工作。如今我們的壽命越來越長，第二甚至第三種職業的選擇激增，我本可以透過接受改變來豐富自己的人生。如果我對改變和革新可能帶來的成長抱持開放態度，那我會變成什麼樣的人呢？我是否能找到更新、更好的方法來扭轉世界，保護並維護我的族人，反抗持續不斷的部族仇恨浪潮？我永遠不會知道了。但我確切知道的是，我鼓勵我的孫子們抱著比我更為開放的心態，去發現有多條獲得成就的路徑。

我每天的遺憾，也是完全可以治癒的遺憾，就是讓周遭的人來定義我

的自我價值。很多時候，別人的看法更多地反映了批評者，而不是遭到批評的對象。我相信我們天生都有嫉妒心，對於這點沒有理由抱著天真的想法。嫉妒是惡毒眼光的根源；困難的是，要先擺脫那種眼光才能看見風景。

我最遺憾的是出於恐懼和不安全感來做決定，並且對自己不夠有信心，無法以自信和信念來做出關鍵的決定。由於從小的教養，我沒有培養出自我意識，對於自己是什麼人、來自何處非常沒有安全感，有時對自己的天賦本能沒有足夠的自信，無法相信自己屬於這裡。其他上常春藤大學的人都有出名的父母，而且很富裕，這些我全都沒有。在我年輕的職業生涯當中，有很長一段時間，我確實覺得自己無法勝任，不像其他競爭者那麼有價值。在我職業生涯的一個關鍵的十字路口，我選擇了阻力最少的道路，認為走較輕鬆的路線可能比較好。那是個錯誤的決定，讓我付出極大的代價。那決定讓我繞了一大段路，花了好幾年才回到正軌，不過，也給我上了非常寶貴的一課。我忘了讓我攀上事業最高峰的是，我自身的經驗和對世界的觀察，還有身為

作家和說故事者的才能與天賦。在跟別人比較時，我貶低了自己可以提供的才能，並基於對自己弱點的錯誤判斷，做出對未來至關重要的決定。我花了很多年的時間才找回自己的路，但我珍惜自己所擁有的以及可以奉獻出來的東西，現在我告訴女兒，對於她原本的自我以及她能帶給世界的東西要有自信，不要基於恐懼或不安全感來做決定，而是要依據她最強烈的渴望和最大的潛力來做抉擇。

假如非要我挑選一個的話，我想我會說，我的遺憾是有時無法將自己的需求擺在第一位。優雅地拒絕並非不可能。有時可以不理會別人對你的看法；可以擔心別人的需求，但不必只擔心別人的需求。當你選擇不優先考慮自己的事，怨恨別人是非常不公平的。

我花太多時間去比較、評斷、尋求認可、受到傷害、想要認同，向外尋找幸福。現在我想要原諒，接受別人原本的自我與樣貌。我不能浪費時間試圖改變他們，我只能改變自己對他們的期望。我不想再花時

間受到傷害。假如有人「不尊重我」——他媽的，沒什麼大不了的！一點也無所謂。也許他們的靈魂還不成熟，他們只是不懂事。到了人生這個階段，我想要繼續前進，並清除掉內心所有的醜惡。

我的父母沒有錢，但回過頭來看，他們給了我所有重要的東西：愛、我的幹勁、很棒的價值觀，而且他們盡可能地省吃儉用，好讓我接受卓越的教育。考慮到他們賦予我的一切，我想要成功，不僅是為了我自己，也是為了他們。我必須證明他們的犧牲是值得的。

十三歲時，我就知道自己將成為律師，並計畫在兩年內讀完大學。上學是工作，玩樂不是目的，做我可能熱衷的事並非選項。我喜歡經濟學，但獲得博士學位後很可能在一所普普通通的大學教書，除了我可能只是一個艱難謀生的教授之外，究竟能證明什麼？

我不僅沒有追求自己熱愛的東西，而且沒有好好體驗大學生活，因為那可能會妨礙我的未來。我的焦點是在頂尖的法學院拿到法律學位，然後找到一份很棒的工作。我不知道成為律師意味著什麼或需要什麼，但我確實知道當律師在經濟上可以得到令人滿意的回報。

幸運的是，我對自己的工作充滿熱情。我喜愛我的工作，但我很遺憾放棄了從孩子成長為大人的那十年間的快樂。我為當時的犧牲感到難過和遺憾。如果說我從事法律工作三十九年而不是四十一年，並且在大學度過四年的快樂時光，這樣的經歷也很有意義。

給我孩子的教訓是：我試著告訴我的孩子，成長是他們人生中的一個篇章，應該盡情地享受。不要像我一樣。

我最遺憾的是沒有及早尋求協助。我花了很長的時間才明瞭求助不是軟弱，而是自信、堅毅、大方的表現。藉由尋求幫助，我建立了更深厚、更真誠的人際關係。我和身邊的人共同克服了許多考驗，然後一起慶祝。我希望我所愛的人能從向他人求助中體會到與別人連結、授權給別人的感覺。

我但願自己能夠早點接受更好的治療（包括談話治療和精神藥理治療）；我希望我的太太、女兒也這麼做。接受治療後大大改善了我的

生活，要是我早點這麼做就能早日獲得改善。

我很遺憾在我生命中的前三十年左右，我害怕讓人知道我不是什麼都懂。我害怕讓人看出我很軟弱。我學習新事物的笨拙讓我覺得尷尬，因此，當需要幫助的時候很難開口求援，這阻礙了我探索某些路徑。我很慶幸這些觀點最後變得站不住腳，我學會了在搞砸事情後仍然愛我自己。

放慢步調，盡情享受日子。活在當下。我但願自己細細品味了每一刻，而不是身在這一刻卻想著下一刻需要做什麼。具體說來，我希望我更常旅行，就算是參觀當地的景點也好，尤其是跟我丈夫一起，因為沒有比一起體驗，特別是一起旅行更好的方式來創造回憶。

我最遺憾的事全都與時間有關。有時，我沒有花足夠的時間去體會當

下發生的事，只是一味地設法完成，雖然達成了使命和目的，但我發現自己錯過了一些事物。我遺憾沒有花更多時間察覺在我生命中和世界上的奇蹟，以及不同凡響的驚奇。我遺憾沒有經常在周遭發生的事情中看到自己的責任。

我最遺憾的是，在重要時刻總是匆匆忙忙，沒有好好體會當下，錯過了許多唯有真正全神貫注在當下才可能擁有的連結和真正的親密關係。我到過很多地方，卻只知道旅館房間和活動會場，因為工作比好好探索我去的地方要來得重要。我遇到許多有趣的人、和他們一起工作，但卻只專注在手邊的工作，錯失了真正交流體驗的機會。

這聽起來可能很怪，但對我來說，感受快樂並不是自然而然的事。工作才是。我一直專注在把事情做好、獲得成功、達到目標、完成計畫，彷彿在電影裡扮演一角，卻絲毫沒有享受其中的樂趣。為了向前推進並完成一些待辦事項，我往往忽視那些體驗 —— 那些深入當下精髓的記憶 —— 對此我深感遺憾。我認為在那種捨棄中存在著恐懼。和別人一起真正活在當下，而不是躲在工作或伴隨著理由掩護的背後

需要自信，相信自己的存在就已足夠。

在我女兒的成年禮上，我告訴她要擁抱生命 —— 那是我對她最大的期望。我渴望在她身上灌注力量，讓她能夠與別人對視，把臉迎向風，充分感受涼爽的微風和薄霧輕拂肌膚，向大自然敞開心扉，感受真正放手的改造力量。我渴望她能夠恣意地放聲大笑，可以自由地做自己，並且知道這樣就已足夠；可以與外界分享她的內心世界，盡情地捕捉並享受不論多麼微小的燦爛時刻。

我沒有太多遺憾；對我來說，活在當下是很自然的事。我十五歲的時候，父親突然在一場空難中喪命，不留遺憾確實幫助我度過了危機。如果有什麼想說的話，我想讓我所愛的人明白活在當下的重要性，盡最大的努力做到最好，以確保沒有任何遺憾，因為你真的不知道明天會發生什麼。盡量把每天當成是種恩賜地活著，我相信這是真的。

我後悔浪費時間在煩惱、擔心上，花時間試圖讓事情按某種方式發

展。據說我的祖母有句格言:「我不擔心我無法控制的事。」我希望能夠多用那種思維模式來利用我的時間。

有一次,我在凌晨兩點半離開音樂節,決定不等吉米·亨德里克斯[2]出場——我認為會在其他時候見到他。三個星期後,他過世了。我想這教訓是:不要拖延,要有耐心。還有,別讓機會與你擦身而過。

媽媽在密西西比州牛頓郡那間醫院破舊的小病房裡孤獨地死去。她過世的時候,我們所有人都應該陪伴著她、擁抱她,如同她抱了我們一輩子那樣。我們應該像她撫慰我們那樣在那裡撫慰她,當她啟程離開這人世的時候,在那裡安慰她。在我整個成年生活中,每當姊姊和我要離開媽媽回去過我們自己的生活時,媽媽就會站在她的家門外。她會站在大門盡頭向我們揮手,直到我們再也看不到她為止。我們應該

2 Jimi Hendrix,美國著名的吉他手,搖滾名人堂形容他「堪稱搖滾史上最偉大的樂手」。

在那裡見證她離開這人世。

要說我有什麼遺憾的話，那就是我希望在教育孩子時能夠做得更好，讓他們明瞭團結一致、互相照顧有多麼重要。我以為自己已經做得很好 —— 談了很多這方面的事 —— 不過儘管我知道他們彼此相愛，遇到危機絕對會守候在對方身邊，但他們似乎不大有興趣如我希望的經常保持聯絡。我不確定他們能否讓彼此一直感受到被關愛。

我真希望我知道避免這種情況的答案。我抱持著希望，但願這也許只是一個階段，等他們年紀漸長，他們會明白兄弟姊妹對彼此來說多麼重要。我說永遠不要失去希望。

我最遺憾的五件事之一是，因為參加一場演講而錯過了我父母的六十週年紀念派對。那場演講在我生命中只是件不重要的小事；錯過我父母的最後一場盛大聚會這件事卻持續在心理治療中出現，通常我會因此折磨自己，直到我再次找到「只要出席就對了」的決心，不再冒著

有另一次遺憾的風險。

由於父母年邁，所以我的選擇應該顯而易見；不過，這些決定不一定都是顯而易見 —— 有時候雖然想去，卻似乎有很多時間可以拖延。我更大的遺憾是沒有去看孫子上新的幼兒園，那是他在享有祖母多年的關愛和居家照顧後第一次踏入社交世界。祖父母在任何一個上學日都可以去探望；路途遙遠，而且我知道我會在春天或夏天找個方便的日子去那裡。不幸的是，傑若邁爾在七月四日的週末溺死了。我願意花一大筆錢去看他玩耍一天。

因此，我的道德遺囑中的關鍵訊息是，謙卑明智地承認我們永遠不知道自己或我們所愛的人在世上還有多少時間。要像可能沒有第二次機會般地採取行動 —— 因為很可能沒有 —— 不要冒著沒有出席而心碎地遺憾的風險。

我遺憾沒有多花點時間和家人朋友在一起。我遺憾自己做了那些令人反感的行為，讓人放棄了我。我遺憾早年沒有承擔更多責任，入了監獄而沒有撫養女兒長大。我遺憾沒有常去東岸與兄弟姊妹、姪子姪

女、大家庭和母親共度時光。我遺憾在很多時候都「太忙」了。

我是大家庭的一分子，不過我始終沒有結婚，也沒有孩子，甚至連一隻狗都沒有養。儘管我不認為每個人都必須結婚成家，但我經常會想，擁有妻兒的快樂會如何改善我的生活。我是否錯失了生命的真正意義？我但願自己更努力一點、更常與兄弟姊妹直接交流。身為十個孩子中的一員，要和九個兄弟姊妹時常保持聯繫並不容易。我們的母親通常是聯繫窗口，因此，我們不像小時候那樣親密。身為大哥，我希望自己能更常和他們交流以傳達愛。

我希望在各方面能更常向他人伸出援手。我年輕的時候非常害羞、侷促不安，以至於會真的僵住。我花了幾十年的時間才克服了不知所措的狀態。我很遺憾自己錯過了那麼多年。我希望能夠提供更多幫助。

我最遺憾的是，一直以來雖然我的身體和心愛的人在一起，但心思卻放在別的地方，思考著如何解決其他方面的問題 —— 儘管這原因可能是值得的，代價卻是無法全心全意地陪伴自己珍視的人。這不僅是放下手機的作用。在每一刻有意識地呼吸、把握當下，總是能讓我學到一些東西，幫助我更深刻地感受 —— 有時除了愛以外，還有痛苦和悲傷。而當我這麼做的時候，我就能更加理解，也能夠真正地陪伴在家人身邊。

恐懼阻礙了我做自己想做的事。我希望我摯愛的人能夠克服追隨直覺與目標的恐懼。

我後悔等了太久才去介入一位正在受苦的朋友的事，因為我害怕她會把我從她的生命中剔除。也許我本來可以為她減輕一些痛苦，但我總是對自己介入的時機存疑。最終，我還是插手了，和我想像的一樣困難。她把我從她的生活中剔除了整整兩年。但在經過深度康復過程後，她現在的狀態好多了。我不後悔自己最終的決定。我們現在比以往任何時候都更為親近。

當我們孩子還小的時候，我花了很多時間在發展自己的醫療診所上。因此，我錯過了一部分養育他們的過程。所幸，我太太把孩子們教得很好。我知道他們愛我，我也愛他們，但是我永遠不會知道自己錯過的一切。

現在，輪到你了

你最遺憾的事情是什麼？你所愛的人如何能避免同樣的情況？你希望自己做過什麼事？為什麼？以及做那件事希望能為你親人的生活帶來什麼你自己錯過的東西？

你是否也有像前面讀到的那些遺憾的事？我知道我有，我曉得在過去三十五年來聆聽其他人的遺憾中，我學到了許多教訓，幫助我避免了一些同樣的遺憾，讓我的人生少一些痛苦，多一些美好和意義。我希望分享我其餘的遺憾，能以相同的方式幫助我的孩子。

我們從這個問題開始是有原因的。從遺憾的事開始，展現了無所畏懼和勇敢直言，這揭示了我們的脆弱之處和坦誠的想法，為後續所有問題的回答增加了可信度和深度。最重要的是，從坦承沒有做但希望自己做到的事情開始，可能會讓我們所愛的人避免遺憾——至少比他們原本多一點可能——避免為了滿足別人的期望而犧牲自己的夢想，避免像我們很多人一樣因為恐懼而不敢伸手求助，避免錯過慶祝人生、分享更多愛的機會，不僅是在重要時刻，而且是每一天。

　　坦率地說出令你遺憾的真相和弱點，讓你所愛的人在此時和你離去之後可以向你學習。

For You

When

I Am Gone

| 第二章 |

你什麼時候
聽從自己的心意？

唯有當你能夠審視自己的內心，

你的視野才會變得清晰。

往外觀看的人，在做夢；往內審察的人，才清醒。

——卡爾・榮格[1]

---

1 Carl Jung，瑞士著名的心理學家、精神病學家，為分析心理學的鼻祖。

我 不是來自一個喜歡冒險的家庭。我的四個兄弟姊妹都住在距離我們成長的明尼蘇達州老家幾英里以內的地方。我在一九六〇年代的近郊住宅區長大，那是個循規蹈矩的地方，得體的儀態總是鞠躬謙遜和遵守社會習俗；理想狀態是總落後鄰居一步。我父親經常視創意為愚蠢輕浮而嗤之以鼻。當涉及到幾乎所有的人、地、事時，樸實總是比花俏來得好。我的三個姊妹全都上同一所大學，因為爸爸堅持她們上的大學離家不超過一天的車程，還要有全女生的宿舍和宵禁，而且在他和她們的心目中，如果那間學校適合一個人，也就適合三個人。

最糟糕的是，在童年時期我總是有一種厄運即將到來的感覺，那是由我父親造成的。他出身貧寒，冬天在明尼蘇達州的家裡得燒蠟紙取暖的那種貧窮程度。他十幾歲時只有兩條褲子，一條是工作時穿，他每天晚上清洗，另一條則是在工作以外的所有時候穿。在我小時候，父親將金幣埋在地下室一個櫃子的假底部裡和後院一棵橡樹下面以防萬一，如他對我所說的：「但願我們永遠不會不得不逃走並需要買麵包吃。」我當時只是個小男孩，非常害怕有可能變得一貧如洗，或者不得不逃離形形色色如納

粹般的壓迫者。他經常引用的一句話是從意第緒語翻譯過來的：
「就連貓都能把事情搞砸。」他想表達的是，每個舉動、每個決
定、每個角度、每個潛在的威脅都得謹慎、徹底地考慮，因為
某件意料之外的微小事情可能會發生並造成災難。假如不善用腦
子，無論是在喻義上或實際上都有可能落入死路一條。在這樣的
教育下成長令人不安，也是我現在有時會痛苦地陷入很大焦慮的
背後原因，那種焦慮會在幾天、幾星期，甚至好幾個月的時間裡
剝奪生活中的樂趣。

　　儘管經歷了這樣令人害怕、焦慮的成長過程，但在我一生
中，還是有兩次我順從自己的心而不是腦袋的引導——每次都讓
我和父親起爭執。

　　第一次是我決定不加入家族的廢金屬回收事業，也不去讀法
學院，而是選擇就讀猶太教學校。當我告訴父親我決定在讀完大
學後申請神學院，他的反應是：「拉比都是乞丐。」他是在告誡
我，不要為自己以外的任何人工作，而且很可能是出於他自己多
年來被拉比再三要錢的經驗。

我父親說得沒錯，但只是在一些小方面。是的，成為一名拉比就是為成千上萬人服務，並且無法完全掌控自己的職業生涯道路，還要受制於理事會、批評，以及其他人強加於你的期待，因為他們有時與你的角色關係特殊。我主持過非常多的喪禮，有太多的悲傷、疾病、分離、絕望和失衡，我必須幫助別人度過難關，往往都是以犧牲自己的家庭和精神為代價。而且沒錯，我需要乞討。有句古老的俏皮話說的是事實：「以前，是有錢人在智者的門口排隊。現在，是智者在有錢人的門口排隊。」我最終要為一間龐大機構的福利負責，這機構每年需要幾千萬美元來完成使命，而張羅那筆錢通常是我的工作。依照我父親所形容的，那種「乞討」壓力很大，有時會有辱人格，總是讓人精疲力盡，而且永遠不夠。

　　然而，我從小就知道我是為了當拉比而生，受到召喚、塑造、成形的。我在《聖經》故事中感受到的奇蹟、童年時至聖所的寧靜宏偉，在音樂和古老語言寫成的詩歌中充滿感情的創造力，博學多聞的拉比，我只在自己之中才感受得到的自在，以及定義所有靈性追求的超然意義感，都深深打動我的心。儘管這條

路往往很艱難，但我無法想像曾做過其他任何事情會讓我同樣感到深具意義。

在我把這個決定告訴父親後不久，我記得我大學女友的父親對我說：「要是我兒子決定成為拉比，我一定會非常自豪。」現在看來這可能不算什麼，但在當時我明白了，並非每個父親都出於擔心貓會以某種方式搞砸一切而做出決定；有人會因為自己的孩子聽從心的引導而感到自豪，我也可以為我遵循自己的心而感到自豪。

在我被授予聖職後，有很多年的時間，每當我上講道壇傳道時，我父母會在一大清早從他們過冬的棕櫚泉出發，開車到洛杉磯聽我布道。無論有多少人參加禮拜，每當我看向會眾，其中笑得最燦爛的都是我父母。成為拉比的決定不僅改變了我的生活，而且造就了我的人生。

我第二次順從心的引導，是為了一個我覺得無法控制且別無選擇的決定。這是一個顯而易見的真理，與我知道的其他真理截然不同。許多人很幸運，一生中至少有一次感受到同樣的真理。

我記得這件事就好像發生在今天一樣：在一九八四年二月俄亥俄州的辛辛那提市。我就讀猶太教學院時有份兼職工作，為一座小猶太教堂經營主日學。當時我在辦公室裡，美術老師帶著一個朋友走進來。「這位是貝琪，她今天來找我。」她說。我激動得不知所措，只聽到「這位」。看到貝琪湛藍的雙眸和羞怯的目光，我的靈魂甦醒了過來。（直到這一刻，我才了解「眼睛是靈魂之窗」這句話。）我墜入愛河了。後來我才知道，貝琪也有同樣的感覺。

　　我們約好當天晚上共進晚餐。晚餐變成了十二小時的約會，大部分時間都坐在俄亥俄河邊輕鬆地聊彼此的生活：我最近一次的分手，她最近與癌症的搏鬥，她失敗的戀情在紐約市等著她，我們的夢想、喜好及熱愛的事物，我們的家人，我們的痛苦……直接切到我們下一次約會吧。我們坐在我公寓裡的長沙發上，準備出發去吃晚餐和聽音樂會。我感到前所未有的衝動，非要說出內心話不可。「貝琪，我想妳就是我命中注定的對象。」

　　「我對你也有同樣的感覺。」她回答道。

　　「那麼，我們算訂婚了？」我問。

「我想是吧。」她說，口氣彷彿我們兩人只是確認了世界上最不足為奇的東西的存在，比方說重力或氧氣。

於是，我在二十四歲時，認識她僅僅幾小時就打電話給我的父母，告訴他們我要結婚了。

「跟誰？」是他們極度震驚的反應。

「跟我上星期認識的這個女孩。」我回答，絲毫沒有察覺到這訊息對他們來說肯定是非常嚇人。

我爸先開口說話。我父親是個具有敏銳直覺、街頭智慧和對自我信念非常清楚的人。他曾對我弟弟說過一句出了名的話：「我以為我曾經誤判過一次，但是我錯了。」

「史蒂夫，你不是要結婚了，」他怒氣沖沖地說。「你是在考慮要訂婚。」

現在我就是那個人了，因此我用以前不曾對父親用過的語氣和措詞反擊道：「爸，別搞錯了。我要結婚了。」

我母親向來比他懂得感情的事，對此，她只說：「我們很期待見到她。」

這個完全發自內心所做的決定的結果是：近四十年的歡笑、

愛、孩子、有時候缺錢、性與無性；我與焦慮症對抗，並和脊柱受傷、手術及緊接在後的鴉片類藥物和憂鬱症搏鬥；她則因為新的癌症和另一種疾病跟手術奮戰了六次；孩子陷入麻煩、孩子讓我們非常自豪、更多的歡笑、愛我們的家人和朋友、其他讓我們失望的人、一起看世界，然後發現我們只愛待在家裡，默默無語但滿足地在被子下牽著手。我們受傷、治癒，我們傷害彼此感情、原諒，我們痛苦、擔心，不管發生什麼事，我們都互相扶持度過這一切。我們萬分慶幸，感謝上帝讓我們擁有彼此。

當你問每個人對他們來說最重要的是什麼時，他們幾乎都會回答是他們的家人、工作，或者讓他們投入大半輩子的某種愛好。再問這些人，他們如何以及為何選擇將自己的一生奉獻給這些人、職業或目標時，他們幾乎總會回答是傾聽自己內心的結果，而不是採取比較傳統、理性的道路，做出符合他人期待的選擇。這是人生中極具影響力的一課。不要只聽我說。聽聽我詢問的那些人的回答。

我必須問自己，什麼是心？什麼是頭腦？我相信聆聽上帝的聲音就是傾聽自己的心。

二〇一九年一月二十二日，我終於自首，向鮑伯和醫生說出關於我自己的真相：我又陷入毒癮了。當時我剛從一次癲癇大發作恢復過來，起因是我服用了過量來自中國和印度的止痛藥，我對其中的成分一無所知。

最後，我終於有了一絲意願，一點恩典，坦白說出自己毒癮復發。我以前曾經因為服藥過量多次進入急診室，但是不知為何，在那一刻，上帝／恩典／我的心居然能夠突破我的否認狀態，引導我完全坦承自首，拯救了我的性命。

是什麼促使我參加華盛頓紀念碑前的反越戰抗議活動？肯定不是我的腦袋！我是一名隨軍牧師。我厭惡透了這場由那些和我穿著同樣制服的年輕男女所發動的戰爭，因此我認為自己別無選擇。於是我唱歌、吶喊、鼓掌、揮舞拳頭，表明我願意繼續為我主張的正義和道

德而奮戰。自始至終我都穿著飾有上尉徽章的軍服。（經過基礎訓練後，我唯一合身的衣服就是軍服。）隔天，我和駐紮單位的總指揮官見了面，那是任何一位上尉都不會期待的會面。不過那場戰爭是錯的，我只是去了我該去的地方。

馬丁·路德·金恩[2] 遇刺，在美國社會引發了翻天覆地的嚴酷改變。我們生活在什麼樣的世界裡？我知道在接下來的幾個月裡我會選擇怎麼做。但是那天晚上呢？金恩死亡的當天晚上？那天晚上驅使我進入布隆茲威爾區 —— 密爾瓦基市非裔美國人社群的歷史中心 —— 的不是智慧。那座城市遭到封鎖；芝加哥在熊熊燃燒。人們走上街頭，吼出他們的憤慨。有些黑人牧師和社群領袖不僅成為同事，而且變成朋友及夥伴。那晚我原本可以待在近郊住宅區安全的家中 —— 那會是理性的舉動。不過，我的心在淌血。我開車到市中心。我們相擁、流淚，然後開始計畫。

自我保護是理性的抉擇。當我飛往莫斯科時，我的妻子告訴孩子們要

---

2 Martin Luther King，美國著名的非裔人權運動領袖，於一九六八年遭暗殺身亡。

做好心理準備，他們可能有很長一段時間看不到我。我是新英格蘭一個小團體的成員，他們想要訓練有素的拉比進入蘇聯，將宗教用品和其他亟需的物品帶給申請移民外國未獲批准的猶太家庭，他們因為堅持自己有權離開蘇聯前往以色列或美國，而失去在學術界或商界的職位。為了讓我的兄弟姊妹獲得釋放，我一直參加抗議活動、遊行、籌畫。我曾經在蘇聯領事館外遭到逮捕。我也曾經到布魯塞爾參加第一次世界蘇聯猶太人大會。可是現在我決定就算不是賭上性命，也是真的將自己的自由置於危險之中。我偷偷帶了大量的違禁品進去。我在一所地下的猶太幼兒園任教。我帶著希望的訊息走訪一間又一間公寓。我的旅館房間遭到竊聽，經常有人跟蹤我。我的同胞吶喊著：「放我們走。」我幫助了他們。

我的孩子知道這些故事——他們自己的生活反映出這種認知。我試圖說明的是，身為一個人和一名猶太人，我覺得自己對於我的同胞和其他人的福祉負有什麼義務。我所做的決定不只是經過內心的深思，而且是出於希望後代子孫會把我的行為當成他們在受到召喚要自己做決定時的榜樣。

我在三十五歲左右出櫃了，坦承自己是同性戀。我終於領悟到我必須以真實的面貌生活，而不是假裝成別的人。我的心一直告訴我我是什麼樣的人，但是大腦卻說服我嘗試變成別人。一旦處理了性傾向的問題後，我的生活就此改變了。我變得更加真誠，更有同情心，而且消除了許多怒氣。從那之後，我就幸運地得到整體來說美好的生活。

我喜歡這個問題，因為聽從心的引導總是為我帶來極大的好運。我有很多經驗可以分享：有一次我拒絕了一個較高薪的工作，選擇了內心覺得理想的工作，最後獲得了更高的職位。但如果要我挑選其中最棒的一次經驗，那就是在我四十多歲時，決定領養我漂亮的小女兒。有很多聲音勸阻我在人生這麼遲的階段做這件事，當時丈夫已上了年紀，而我正努力尋找事業的立足點。那個時機並不理想，而且我的大腦顯然把注意力集中在很多壓力上，所有的理由都說明這不是個恰當或明智的抉擇。

我一生都在工作；建立家庭從來不是我優先考慮的事，直到我晚婚，

第一次感受到內心深深地渴望成為母親並擁有一個女兒。這個決定純粹是發自內心，我不顧擔憂、年齡、脆弱的財務狀況，領養了這個來自瓜地馬拉的寶貝，把她帶回美國，這是我所做過最棒的決定。很多人說我給了這個孩子多麼美好的禮物；事實上，她才是我最棒的禮物，我的老師，我的摯愛，我最深切的祈禱。

一九九三年夏天，我決定到科羅拉多州的山區旅行，完全隨心所欲，沒有任何計畫。我打算開車進入山區，每天醒來都有個嶄新的開始，然後遵循直覺引導我的道路前進。幾天後，我到達新墨西哥州的陶斯鎮，在那裡認識了菲利浦，他立刻加入我未經籌畫安排的冒險，我們花了幾天的時間在山區健行，在格蘭德河邊泡溫泉，和他六歲的兒子艾力克斯一起釣魚，隨遇而安，順其自然。

旅行後，我回到紐約，儘管所有合乎邏輯的理由都顯示這是徹底瘋狂之舉，六個月後我還是搬到了陶斯鎮，與菲利浦、艾力克斯共組家庭。二十八年後我仍然已婚，是艾力克斯（和另外兩個孩子）的母親。倘若我聽從大腦而不是內心，這一切都不會發生。

我相信我通常都是跟隨心的引導。我依循內心的想法離開法律界，決定寫一本有關以色列審判的書。這促使我踏上了人生的道路。我始終跟著自己的節拍走。

我想，假如我跟隨自己的頭腦，生活會過得更好，但是順從自己的心，我過著更為豐富的生活 —— 事實上是一種令人驚奇的充實而有趣的生活。我遇見的人、去過的地方、經歷過的一切，全都相當令人驚嘆，超乎我自己的期待或想像。

我認識我丈夫的時候，我們兩家生活在世界的兩端，從後勤的角度來看，我們的交往完全不切實際。但是我的內心非常清楚，我知道他就是我的人生伴侶。我們在初次見面後兩個星期內就決定結婚，四個月後正式訂婚，一年後舉行了長達一週的婚禮，有數千人參加。今年我們要慶祝結婚二十五週年，擁有兩個很棒的女兒和一個相親相愛的大家庭。我迫不及待想要慶祝我們的五十週年紀念了。

道歉和寬恕是反覆出現的課題，並且是心靈而非頭腦的課題。當你冒犯別人或以其他方式把事情搞砸時，別用腦袋空想，鼓起勇氣聽從心的引導。誠摯地道歉，不要找藉口，盡量不要再犯同樣的錯。反過來說，願意寬恕別人才能享受人生。放下恩怨。怨恨只會摧毀家庭、破壞人際關係。

我十八歲的時候，追著一個二十歲的帥哥跑，在我們兩人用餐的餐廳裡阻止他進入洗手間。我認識他，他不是陌生人。事實上，我跟他的兄弟約會過。我非常緊張，但還是跟著他，對他說：「等你跟她分手後」──他那時有女朋友──「你再……打電話給我。」說完，我就跑回自己的座位。一年半後，我的朋友偶然遇見那個男孩，她知道我對他的感覺，因此鼓勵（逼迫）他打電話給我。他打來了。三十七年不可思議的歲月，三個出色的孩子，和將近四十年的喜悅、歡笑、淚水與冒險後，剩餘的就是歷史了。

這個問題簡直太容易了，因為我不記得有多少次我是聽從心而不是大腦的引導。我曾經以為自己就像《星際爭霸戰》裡的史巴克，一切都講究邏輯。與我的妻子結婚，可以說是我第一次順從心而不是大腦的引導。

從理智上來看，她滿足了我所有的要求：她內外兼備、善良、開朗、體貼他人。大家都喜愛她。我有個評判別人性格毫不留情的朋友，第一次見到她就說，如果我不娶她，就是個大笨蛋。

一切聽起來都很合乎邏輯，但她卻不符合「猶太人」這項要求──多年來這一直是導致我與某人結婚破局的原因。我父母是大屠殺的倖存者，我肩上背負著猶太民族的重擔。我怎麼能讓我父母失望？怎麼能讓我的親人失望？坦白說，我怎麼能讓我自己失望？但是憑我的心和直覺，我知道她擁有最重要的猶太人特質：極好的價值觀。坦白說，她是個完美的猶太人。

我順著心的引導，這顯然是我此生最棒的決定。

我不想生第三個孩子。我丈夫來自一個有三個孩子的家庭，他一再地問我，但我害怕失眠、害怕所有額外的工作，以及缺乏「自我」的時間。我拒絕了八年；兩個孩子已經足夠。有一天，我到學校去接兩個年齡較大的孩子（當時一個十一歲、一個八歲），他們滔滔不絕地聊著在課堂上學到的東西，我看著他們的小臉蛋和一天下來弄髒的雙手，心中充滿了愛。我一直專注於當母親的辛苦之處，卻忘了為人父母的快樂。換句話說，我太過理性了，不夠感性。我回家對丈夫說：「我們來試著生個老三吧。」而我們非常幸運。

我大學畢業後，跟著大學的男朋友去了洛杉磯。我沒有找到工作，也沒有自己的公寓。我的父母非常擔心，並且毫不遲疑地讓我知道。可是我陷入情網，我對他和我們的關係有信心 —— 說實話，我知道他不像我這麼確定，但我忽視這一點，認為我對我們兩人有把握就夠了。事後看來，這顯然是冒著很大的風險。我們當時非常年輕，他準備在洛杉磯讀法學院，並且他的家人都在城裡，我則是把一切都寄託在選擇他之上。

今天，我們即將慶祝結婚二十四週年。雖然我通常相信同時用心和大腦很重要，但有時讓心來指引也可以帶來好結果 —— 只要你了解其中的風險，在必要時能靈活地重新調整自己的方向。

在我康復期間，大多時候我都順從心／靈魂的引導，而且說實話，甚至在那之前就是這樣了。聽從靈魂的引導，讓我走向喜悅、驚奇、愛、真理、良善、同情、正義。我能夠知道下一步該做什麼；當我跟隨靈魂的認知走時，我就能夠與神和諧相處。無論我是否得到自己希望的，我都熱愛生活，生活也愛我。依循靈魂生活，讓我的思路變得清晰、懂得包容，並且實踐我所相信的原則。

在匹茲堡的生命之樹猶太教堂發生槍擊事件後，我記得我站在聯邦大樓的一片人海面前，和一群不同信仰的人一起哀悼悲慟 —— 我感到非常憤怒，竟然會發生這種事。報導披露行凶者是對於猶太人將穆斯林難民帶到美國而憤怒。我知道我必須去那裡，出面支持那些多年前

當威脅來襲時，為我出現在我的清真寺前的朋友。這麼做，意味著我將違反我所屬的機構不發表聲明的政策。但無論如何，我還是奮力前進，心知我非出現不可。這表示要違背許多我尊敬的人經過深思熟慮做出的決定，但我的內心卻有不同的想法。因此，我盡快通知他們並徵求他們的意見。根據過去的經驗，我以為要得到他們的同意會很困難，但這一次，他們的心也明白了。

那一天，我的心指引著路，與聯邦大樓前的所有人一起懷抱著痛苦和悲傷。我正是在我該在的地方。從那時起，我每次都詢問自己的心。在那之前，我一直依賴頭腦來引導人生，總是低估心所指引的方向。假如當時我聽從了大腦，我很可能會因為恐懼和保護主義而留在家裡。聽從心的引導是有風險的，但我現在無法想像用其他方式生活。

在我們家二十歲的貓去世十天後，我瘋狂地堅持收養一隻新的貓。她是從動物保護控制中心的待撲殺名單中被救出來的。她至少被遺棄過兩次。她患有一種潛在的內科疾病，使得她很難照顧，還被貼上「凶暴」的標籤。我們的獸醫對這個決定持懷疑的態度。然而我看過她

的照片，我知道她就是屬於我們的貓。

事實證明，她是我所見過最貼心、最溫柔親切的動物。她的姿態放鬆，樂意吃特殊的食物和藥物，而且從她走進我們家的那天起，就和我們寸步不離，甚至不去探索其他房間，是個忠實的夥伴。

九年後，她最終因某種完全出乎意料的問題死去時，我們感到非常震驚。不過，我們也知道我們獲勝了。

在艾迪生命的最後階段，我順從我的心和對他的同情來引導他。我並不想失去丈夫、孩子的父親，但他飽受痛苦，是該讓他安息的時候了。他不在身邊顯然永遠改變了我的生活，但是也讓我明白，我多麼想念他肉身的存在，即使他需要我的照顧。

我經常告訴人們，要擁抱所愛的人，而且在他們生命的盡頭，要時時撫摸他們的手、親吻他們，因為一旦他們離去後，你會懷念這一切。

現在，輪到你了

你什麼時候聽從過心而不是頭腦的引導？原因是什麼？這麼做如何改變了你的人生？

一位精神科醫師曾經告訴我，兒童和青少年會做蠢事的原因是他們的大腦尚未發育完全。由於大腦缺少了某個必要部分，無法思考自己的選擇的潛在後果，因此他們大多只想到獎勵。等我們成熟後，我們幾乎所有決策都會考慮到潛在的不利因素；我們變得比較不願意冒險、不隨性。諷刺的是，對我們大多數人來說，帶給我們最大意義的人和事，往往是我們用心選擇出來的。

當然，隨心所欲的選擇不一定都會進展順利，也不一定是正確的生活方式。有時你千里迢迢遠嫁的那個人竟然是個混蛋；有時你夢寐以求的工作薪資較低，但你認為回報會更高，最後卻成了一場惡夢；有時你賭一把，卻輸了。當我和妻子考慮買一間我們很喜歡卻負擔不起的房子時，我打電話詢問我爸的意見。我告訴他，那間房子很完美，長遠來看會是一項很棒的投資。儘管我們真的買不起，但每個人都告訴我，我們買第

一間房子應該稍微勒緊褲帶——確實把預算拉到極限。對此，我爸回答說：「史蒂夫，勒緊和肺癌之間是有差別的。用用你的腦袋。不要買那間房子。」

他是對的。聽從心的引導不見得都能成功，至少不一定如我們希望的那樣。對我們之中有些人來說，即使這麼做進展順利，我們也很難放下社會培育並教導我們的很多觀念：走傳統的路、做有把握的事。好消息是，聽從自己的心永遠不會太遲。即使只有一次，也可能美好地改變你的生活。而且，正如那位跨越整個國家跟隨男友的人明智指出的那樣，你不必害怕潛在的不利因素，「只要你了解其中的風險，在必要時能靈活地重新調整自己的方向。」如果你已經因為發自內心的選擇而感到滿足，那就告訴你所愛的人，讓他們也可能受到鼓舞和你做同樣的選擇。

也請告訴他們不用擔心貓。至少無須一直掛念著。

For You

When

I Am Gone

| 第三章 |

什麼事情讓你感到幸福?

幸福不是目標;而是副產品。

——愛蓮娜·羅斯福[1]

---

1 Eleanor Roosevelt,美國政治人物,為第三十二任總統富蘭克林·羅斯福的妻子,
出任過美國駐聯合國大使,大力倡導保護人權,並且是位女性主義者。

我曾經看過一個成年男人開心地跳了起來，這事情發生在他兒子家的一場小型節慶聚會上。我假裝成賓客參加聚會，但事實並非如此。等所有的受邀者都到齊後，男人的兒子向聚會的群眾致詞。「我知道你們都以為我們今天邀請大家來是因為我們要宣布訂婚，」他看著那個和他交往了兩年的對象說道，「但是你們錯了，我們今天不是要訂婚。」他停頓一下，確保每個人高漲的情緒都平靜下來，然後在完美的時機大聲喊出：「我們是要結婚，這位就是拉比！」一面指向我。我就是在這時看見他父親高興得漲紅了臉，一遍又一遍地跳上跳下，拍手叫著：「太棒了！」接下來，新郎迅速打開門廳的壁櫥，拉出一頂婚禮用的天篷和六件給他父親及朋友穿的無尾晚禮服。所有的褲子都太長了，因此我從居家辦公桌上拿了一把釘書機，將所有的褲腳都釘到合適的長度，我們就舉行了一場婚禮。總而言之，一切都完美極了。

我永遠不會忘記目睹了那男人生命中開心至極的那一刻純粹、無與倫比的激昂。不過，那真的只是一瞬間的事，或者另有其他？

　　我們常常認為幸福是單一事件，或是由我們無法控制的外在因素所引起的某個自發性時刻——是一種幸運的驚喜，就像沒有買彩券卻中了獎一樣。然而在大多數情況下，<u>真正的幸福需要一個過程，是經過日復一日、月復一月，甚至長達數十年用心生活的精華。換句話說，和突如其來、轉瞬即逝的愉悅不同，幸福是一棵緩慢生長的樹的果實。</u>那男人開心地跳起來，因為那一刻不只是一個瞬間，而是幾十年來養育子女投注的心血、焦慮、挫折、歡笑與愛，以及父子之間幾十年來形成的特殊紐帶，和激動地分享孩子幸福的結果。

　　即使看起來似乎隨興的歡樂時刻，也是精心策劃和考慮周到的生活的結果。新婚夫妻在婚禮上的初次接吻、淚水和整夜歡樂的舞蹈，這些通常都與婚禮策劃人、酒席承辦人、花店、樂團領隊和其他人努力煞費苦心了幾個月，以及在此之前數個月或數年的彼此相愛、關懷的成果；隨著時間推移，成長、照顧和培育的時刻。經過深思熟慮、用心經營的生活會帶來喜悅，而不是相反過來。或者正如一個人完美表述的那樣：「我唱歌，不是因為我快樂。我快樂，是因為我唱歌。」

但是幸福不僅需要長期持續的努力，還有賴別人幫忙創造、分享我們的喜悅，就像我們幫忙創造、分享他們的喜悅一樣。

　　古人意識到他們可以獨自滿足，卻得不到快樂。是的，他們的巔峰時刻是辛勤努力與精心策劃的成果，也是集體朝聖及一整年定期獻祭大量農產品和珍貴牲畜的結果。他們的生活不僅一點都不隨興，也不清苦或孤單寂寞。這些祭品有的是供給酋長、薩滿、祭司或先知，有的則是放在火祭壇上獻給諸神，不過大多數都是家人分食。這是普通人每年為數不多盡情享用肉食的時機，宗族和部落聚集在一起，舉行盛大、熱鬧、歡樂的家庭聚會。

　　大多數回答這個有關自身幸福問題的人，都證明了自古以來情況並沒有太大的改變。真正的幸福都是共享的。人生最愉快的歌曲不能獨唱。倘若不是共享的體驗，那就是不同於幸福的東西，也許是滿足、短暫的快樂、享樂主義，卻不是真正的幸福。感恩節、聖誕節、安息日、生日、週年紀念日、洗禮、畢業典禮、美好的假期，這些都不是單獨或隨興的活動。我們有時會渴望獨處和獨處所帶來的內心平靜，但幸福是當我們與其他人相聚，慶祝以愛的行動和秉持生命意義的信念而達成的漫長旅程

時，所感受到的充滿內心的激動。

　　小提琴家艾薩克・史坦（Isaac Stern）有個出名的故事，有天晚上在演奏會後，一名樂迷來找他。「噢，史坦先生，」那名女子誇張地說：「只要能像你一樣優美地拉小提琴，我願意付出任何代價。」

　　對此，史坦回答道：「妳願意每天付出十個小時嗎？」

　　對於我們這些尋求快樂的人來說，你即將讀到的智者和這個幸福問題的答案，都講述了在我們最親近的人身上投注時間與愛的智慧。因為唯有在他人陪伴下共享的時間與愛，才能讓某一時刻充滿了獨特、強大、超越和顛覆性令人雀躍的快樂——這種快樂來自於知道這一刻是我們費盡千辛萬苦得來的。

我喜歡到聖塔芭芭拉，讓狗在阿羅約布羅海灘的白沙上自由地奔跑數英里。只要看到牠們盡情地在浪花裡奔跑，臉上帶著笑容，充滿喜悅且神采奕奕，就帶給我在別處找不到的快樂。我女兒也帶她的寵物兔子去，她用繩索牽著牠，和我們一起在沙灘上晃蕩；儘管會引來奇怪

的目光和訝異的表情，但對我們而言，有動物家人陪我們一起在野外探險，就是十足的天堂。

大多數令我感到快樂的都不是東西，而是體驗。即使在我認為讓我感到快樂的是「東西」時，當我實際拆封後，樂趣幾乎總是在使用這項物品、與他人分享，以及這東西在我內心激發的感覺中。

讓我感到最幸福的是，與家人和我小小的朋友圈共度的時光。還有一些微小的日常習慣，例如：坐在我最喜歡的椅子上冥想、喝下午茶、跟丈夫在附近散步。

我感到最幸福的是，在付出愛和為他人服務時。年紀越長，我越明白發自內心的東西才能觸動人心。

我從小接受的教育讓我相信，真正的喜悅、真正的幸福來自於帶給別人安慰、保護、支持，或是愛。

我一生中所經歷過最完美無瑕的幸福是，當我和妻子因新型冠狀肺炎住院三星期之後相擁在一起。不是滿足，不是驕傲，不是敬畏。是純粹、意想不到的幸福。當我們擁抱時，宇宙中沒有其他人或物存在。是愛嗎？那當然。但也是一份出乎意料的生命禮物，而且是與另一個人，一個我生命唯一圍繞著她轉的人分享。

教訓是？為真正重要的事情努力。不要為其他事煩惱。還有，盡可能仔細謹慎地選擇你愛的人。

我最幸福的時刻和最美好的回憶，都是與家人朋友共度的時光。我喜歡回想小時候跟父母一起展開的美妙家庭旅行，以及我們在旅途中得到的樂趣。我愛我的婚禮，因為我和世界上我最愛的男人在一起，身

邊圍繞著那麼多深愛我的人。然後是與我丈夫及孩子們的旅行，回想起來深深懷念。最精彩的是，我和最親密的十五位朋友一起外出度過我五十歲的生日。隨著年紀漸長，這些對我來說都是很鮮明的回憶。

擁有朋友。結交新朋友。打電話和朋友保持聯繫。

最重要的事情都是最傳統的：建立一個家庭，生孩子，與彼此以及朋友、家人共度午後時光；這些定義人際關係的日常活動。

幾乎所有令我感到幸福的東西，都是金錢買不到的。

幽默是人性。學會愛每個人，學著笑看一切（還有每個人，尤其是自己）。

身為一名腫瘤科醫師，當我改變了某人的生活（拯救了他們、治癒了他們、緩解了他們的痛苦），有時我會與妻子分享這些事情，因為我對此感到高興。

讓我感到幸福的是，和我關心、敬重的夥伴一起工作。讓我覺得快樂的是，和最親密的友人一起去看體育賽事、吃飯、散步。讓我感到高興的是，與家人朋友一起度過逾越節[2]、感恩節、開齋節[3]，以及成年禮之類的特殊活動。讓我感到開心的是，跟我喜歡與其共處的人一起看超級盃美式足球賽。讓我感到愉快的是，和有相似目標及信念的人一起做出改變。

2 猶太教節日之一，紀念上帝拯救以色列人，讓他們獲得自由。
3 全球穆斯林慶祝齋月結束，親友互相拜訪、贈禮，洋溢和平歡樂的節日。

這往往是最簡單的事。在適當的時刻說一句善意的話，在樹林間散步，認真努力做某件事後有了成果。基本上，教訓就是要出席、在場並保持簡單。這世界非常美麗，讓它為你展現吧。

跟家人和好朋友在一起並分享，總是讓我覺得幸福，並且提醒我，在人生旅程中，真的需要擁抱人際關係，好好珍惜。

找出讓你感到幸福的事情是困難的部分。一旦知道了，你就可以確保在生活中騰出時間來做這件事。說人生苦短聽起來很老套，但真的是這樣！我五十八歲了，我的漢堡已經翻到第二面。大家都知道漢堡一旦翻了面，多快就會煎好。不要把幸福往後推遲。

想想你每天做些什麼事，你要如何稍做調整，讓這些事更有意義，讓你自己更快樂。不要仰賴放個大假或是發生重大轉折的事件。你的人

生是由點點滴滴的時刻所組成的。這些微不足道的時刻加總起來，會比任何一件事都來得大。

當我的自我意識不那麼強烈時，我感到最快樂。當我和另一個人心心相印、靈犀相通，除了快樂之外沒有別的動機時，我感到最幸福。

現在，輪到你了

　　<u>什麼事情讓你感到幸福？在令你感到幸福的事情中，有什麼教訓可與你所愛的人分享？</u>

　　中國有一句關於快樂的古老諺語，我每天都努力牢牢記住。「如果想要快樂一小時，那就小睡片刻。如果想要快樂一整天，就去釣魚。如果想要快樂一個月，那就結婚吧。如果想要快樂一整年，就繼承一筆財富。如果想要快樂一輩子，那就幫助另一個人。」

　　為了找到幸福，我們必須找到其他人，能為他們做出源自於愛的犧牲，與他們分享我們的人生。幸福其實就是親密無間。讓我們幸福的是我們擁有的人，而不是物品，而幸福往往是和我們摯愛的人共度最平凡的時刻。

　　告訴你所愛的人那些因為他們而讓你內心充滿幸福的大大小小時刻。為他們指引方向，好讓他們現在和你離開後都能找到幸福。

For You

When

I Am Gone

第四章

你最大的失敗是什麼？

碰地一聲，我從粉色的雲端跌落。

——伊麗莎白·泰勒[1]

---

1 Elizabeth Taylor，英國及美國的著名演員，曾獲頒兩次奧斯卡最佳女主角獎。

當我向納帕谷知名主廚邁可·基亞雷洛請教我在複製母親的茄子泥時遇到的問題時，這似乎是無關緊要的時刻，甚至毫無意義。我從小就喜愛這道羅馬尼亞料理，尤其是在黑麥麵包上抹上厚厚一層茄子泥，上面再撒一點鹽。幾年前，我母親將她使用過的舊木碗和菜刀連同簡單的食譜和作法說明交給我。「用叉子在幾個大茄子上刺洞，放入微波爐加熱直到變軟，再舀進木碗中，用手捏碎至光滑，然後加入切碎的洋蔥、大蒜粉、玉米油和鹽調味即可品嚐。」

小時候，我很喜歡那斷斷續續傳遍整間屋子的剁、剁……的聲響，那意味著午餐要吃媽媽煮的茄子。我從小看著她做這道菜看了很多年，成年後，當我明白隨著她日益衰老，她煮飯的日子所剩不多，我就想學這道菜。但即使看著她做了那麼多年，還用了她的工具和食譜，當我試著想做出同樣的料理時，味道卻總是不大對勁。我向基亞雷洛主廚說明這個問題時，他說：「你的錯誤是看著你母親做這道菜。她需要看著你做。你無法從觀看別人的成功中學習，只能從一位好老師看著你的失敗中學習。」

名人失敗後才成功的故事多不勝數。佛雷·亞斯坦[2]第一次

試鏡後，米高梅電影公司選角部門的備忘便條上寫著：「不會演戲。有點禿頭。會跳一點舞。」亞斯坦將那張備忘便條裱了起來，掛在壁爐上方。溫斯頓·邱吉爾六年級時不及格。他經歷了一生政治上的挫敗後，直到六十二歲才當上英國首相。歐普拉·溫弗瑞早期在巴爾的摩地方電視台擔任共同主播時遭到降職。她在降職成為作家兼記者的工作中，發現了自己對人文故事的熱情。湯瑪斯·愛迪生的小學老師說他「太笨」，但是他繼續努力，在嘗試了兩千次後發明了電燈泡。露西兒·鮑爾³被普遍認為是個失敗的電影演員，直到她演出了《我愛露西》（*I Love Lucy*）。貝比·魯斯不僅是全壘打王，也是三振次數最多的紀錄保持人。麥可·喬丹沒有入選高中的籃球校隊。正如這些傳奇人物大概都會同意的那樣，除非我們先從失敗中學到教訓，否則我們不會真正成功。

我不是個頌揚失敗的人，這個問題的受訪者也不是。多年

---

2 Fred Astaire，美國著名的演員、舞者、編舞家及歌手。曾演出三十一部歌舞劇，是歌舞劇的第一代舞王。
3 Lucille Ball，美國著名的喜劇女演員，一生中活躍於電視、電影、舞台上。

來，我一直後悔沒有及早尋求心理幫助，去了解和消除我因為嚴酷的童年而經常對待自己和他人的傷害性方式。我很遺憾沒有早點知道，我在工作上的成功往往是因為自己沒有安全感，需要把我的焦慮症排在次要地位，而不是面對它。我花了很長的時間才意識到，我利用沉迷工作來抑制自己的焦慮，辜負了我的妻子和孩子。不久前，我們坐在餐桌前談起一個單親撫養孩子的朋友，貝琪不帶感情地說：「我以前就是個單親媽媽。」這事實令我非常痛苦，毫無疑問地對她來說也是如此。失敗會帶來痛苦、刺痛我們，往往也會傷害到那些我們關心的人。失敗令人尷尬，有時甚至讓人羞愧；可能需要花上好幾年才能復原，而且不可能忘記。然而失敗是一位偉大的老師，一方面打擊我們的傲慢，一方面要求我們謙遜，迫使我們痛苦但幸運地用客觀嚴厲的態度看待自己的失調，以及失調的根源和棘手的問題。

每當有人做了違反道德的事之後來找我尋求指引，我在開口前總會問自己，我生命中在哪裡有過同樣的關鍵失敗？倘若我從未經歷過類似的失敗，我不確定自己是否真的有能力緩解面前這個人的痛苦，或者引導他們走向更好的路。我確信坦誠面對自己

的失敗，讓我成為更好、更謙虛、更有同理心、更少評判的人。承認並誠實面對自己的失敗並不容易，但失敗確實讓我更容易原諒別人的失敗。由於我寬容對待那些犯過罪並藉由痛苦來改變他們人生的人，我一直遭受嚴厲的批評——我願意接受這種嚴厲的批評，因為對我來說，考慮到我自己的失敗、我的信仰和我的角色，沒有其他辦法。

　　向我們所愛的人坦承自己的失敗，有個非常好的效果是，可以防止他們犯同樣的錯誤，或至少鼓勵他們不要拖延面對錯誤並汲取教訓的時間。我們的實話可以減輕他們原本要承受並強加在別人身上的痛苦——我們都非常悔恨地知道自己做過同樣的事。我想，基亞雷洛主廚說得沒錯。我們從試圖仿效他人的成功中學到的東西，遠不如從了解自己的失敗中所學習到的來得多。

　　回答這個問題時，人們都勇敢、大方地對我實話實說。我很榮幸能夠將他們述說的失敗經歷傳達出來。事後看來，他們成為了自己的老師，看著自己過去的錯誤並學習到一些人生最重要的真理。我希望他們辛辛苦苦自學到的經驗教訓，能激勵你向所愛的人講述自己的失敗經歷。

在我十幾歲到二十幾歲的大部分時間裡，酒和毒品是我生活的中心。我撒謊、違背諾言，喝得爛醉如泥的次數多到數不清，我不分青紅皂白地對待自己親近的人，不加思考與他們親近的方式。今天認識我的人大多知道我不過量飲酒，但現在與我最親近的人多半不認識過去的我，他們很難相信我曾經如此頻繁、過分地令所有人失望，包括我自己。但不可否認的是，如果沒有每一個錯誤、每一次羞辱，沒有我做過以及別人對我所做的一切，我不會成為今天的我。我由衷慶幸自己見識過徹底的絕望，在內心深處知道羞愧是什麼感覺。因為明白這點，讓我有深刻的理解力和同情心，這可以成為我的堡壘，避免我在痛苦難受時容易妄加評斷或迴避痛苦的糟糕傾向。我真的知道搞砸意味著什麼，並且幸運地獲得補償的機會，找到了擺脫自我厭惡的道路。因此，我最大的失敗為今天最好的我奠定了基石。

我已經失業過兩次了。儘管原因可以歸咎於經濟衰退，但失業意味著失去了生計和身分，也是一種公開的羞辱。第一次時，我認為這是

自己職業生涯的盡頭。第二次時，我心想，等一下，這我之前經歷過了。因此我沒有大為驚慌失措，而是專心做好自己的事，一步一步地前進。事實上，沿途我經歷了一些有趣的冒險，現在只希望當時有花更多注意力在這些事情上。

我是兩個孩子當中年紀較小、也是較受寵的。我姊姊是一個可愛的人，但她對正規的學習不大感興趣。我父母稱讚我的成績，雖然他們毫無疑問是愛她的，卻總是把姊姊排在第二位。我在完全知情的情況下，樂意地接受這樣的待遇。姊姊和我從來沒有隔閡，但就是不大投合。她嫁了一個社會背景與我們截然不同的男人 —— 他跟著露天遊樂會巡迴，印製販售 T 恤。他們經常住在露營車上。他對我姊姊很好，也很尊重我的父母。

我從來沒有跟他們聯絡，沒有隨意打過電話或寫過隻字片語。有一次我從紐約開車到亞特蘭大，經過離他們家不到五十英里的地方，卻沒有停下來。

後來我姊姊生命垂危。她丈夫已經過世了。她得了一種無法治癒的血

液疾病。我一直到她去世前五天才去探望她。

在我應該愛她的時候,我對她妄下評斷;在她最需要幫助的時候,我沒有理會她。我陷入了把她擱置在一旁的模式。

我怎麼可以那樣對待自己的姊姊?我和妻子意識到過去的錯誤,因此,把為孩子和孫子創造相互交流、喜歡彼此陪伴、感受家庭關係的力量的環境和機會當成唯一目標。這個計畫超級成功;然而,沒有什麼能改變過去。

因為男友的問題,我和大學時期的好朋友好幾年沒說話,那場爭吵真是浪費時間。在某一年的贖罪日後,我主動跟她聯絡,直到今天我們仍然是朋友。沒有什麼問題無法解決,只要用謙虛的態度討論,還有說出簡單的三個字:「對不起」。

許多年前,我出於以自我為中心的原因而冤枉了一個人。多年後,我試圖道歉,但據我所知,那個人已經過世了。如果你認為自己傷害了

別人（無論是不是有意），至少要盡快試著賠罪道歉。

等我們到六十歲的時候，顯然我們無法區分哪些是失敗，哪些是事後 —— 經過多年端詳照鏡之後 —— 看來的好運。在西北大學拒絕給我終身職位後，我離開了芝加哥。我移居加州，接受了加州大學兩所分校的一些臨時教學職務，然後得到知名的智庫蘭德公司的職涯中期獎學金，在加州州立大學洛杉磯分校接受了終身聘用的職位，成為正式教授，並以榮譽教授的身分退休，還享有豐厚的退休金！

若是留在芝加哥，我心愛的教女就永遠不會出世，我不會擁有在加州結交的珍貴朋友，當然也不會有一間眺望浪花海景的家。若是留在芝加哥，我就不會成為歷史悠久而美麗的威爾榭大道聖殿的一分子。

若不是因為我在芝加哥的那段時間，我的生命中不太可能會出現某位拉比，他是我在西北大學那個倒楣的職位上教到的學生。或說，真是倒楣嗎？在陽光明媚的暖和日子裡，我看見芝加哥暴風雪的影像，我明瞭到當時似乎毫無疑問是惡運的事情，最後竟然是我的好運。

多年來，我一直試圖否認真實的自我。我努力隱瞞自己的性傾向，結了兩次婚。我尤其後悔第一次結婚，因為我明知自己不應該結婚。我相信這傷害了我的第一任妻子，她一生都在苦苦掙扎，試著忘記我對她做過的事。

我希望我愛的人永遠忠於自己，不要試圖成為別人，尤其是在感情關係裡。偽裝成別人最終會傷害到對方，這絕對不是好事。

我認為我最大的失敗是，我有時太忙了，沒有向我的妻子表達我多麼愛她。

我遭到幾次解雇，經歷過財務危機，不得不向朋友借錢。在我工作的領域和職業中，我一年內遭到的拒絕比大多數人一生中遇到的還多。我想，我學到的教訓是，不要把這看成是針對個人的 —— 大多數人的職業生涯和人生都是失敗多於成功；而且大多數人都會放棄或改變

方向，所以堅持到底並順應眼前的機遇吧。你可能會發現自己是最後一個站著的人。

我真的離開了我夢想的工作，去從事一個比較輕鬆、低階的職務，因為我覺得自己會被識破是個無法勝任那份工作的騙子。那次的失敗影響深遠。這個決定打亂我的職業生涯多年，並挑戰我的自我意識；我知道我做出這決定是基於謊言。有短暫的片刻，我覺得壓力減輕，如釋重負，但是隨後就深深地感到，我出於恐懼而選擇了阻力最小的途徑，辜負了最好的自己。教訓是：不管怎樣，放手去做。願意失敗才能發現真實的自己。

我最大的失敗是沒有及早發現，為了擁有自己熱愛的職業，必須先把那項工作做得熟練上手。這不會神奇地發生，而是需要練習和自律。我直到五十幾歲才在工作上得心應手。

我每天都會失敗,而且通常是當眾犯了嚴重的錯誤。但是我漸漸領悟到,事實上沒有失敗這回事。無論你做什麼,總會有人說你做得不好。不要放大那些聲音,也不要忽略正面的評價。不要讓房間裡的一個人妨礙你聽見其他九個沒有大聲批評的人的聲音。

不過,要虛心聽取批評,並努力從中學習。只要事先諮詢過很多人的意見,就可以堅持自己的信念。以父母、領導者、朋友身分所做的讓你最不受歡迎的事,有時是人們最記得你做過的事。

最後,我想簡單地說:認真看待工作,但不要過度嚴苛地對待自己。

我經歷過很多次失敗,很難只挑選一個。所有的失敗中都有受教的時刻。有些我花了數十年才了解。例如:大學畢業後我沒有進入法學院,這讓我信心崩潰。但直到很多年後我才明瞭,我會是個糟糕的律師。對我來說,那絕對不是正確的職涯規畫。

幾個月前發生的一次失敗,讓我學到了很多。我原本打算代替一位朋友演講,他染上新型冠狀肺炎,在事業上又遇到一些重大的挫折。我

想為他出場，可是我不知怎地把時間搞錯了，在行事曆上將中部時間記成了太平洋時間，因此當我在為 Zoom 的視訊活動做準備時，收到了他們正在等我的簡訊 —— 頓時一陣焦慮襲上心頭。我立刻接上線，但是完全沒做好我想要做的準備工作。

我雖然挺過了難關，但我在大聲說話的同時，一面又在腦中糾正自己說的每一句話。我覺得自己好像徹頭徹尾地失敗了，並且讓我那位辛苦掙扎的朋友感到難堪。在視訊活動結束後，我哭了很久。我重重地跌了一跤。接下來的那個星期，我忍不住地一直流淚，深感失望。我向我的朋友道歉。他寬宏大量，諒解了我。

我終於鼓起勇氣觀看那場我主持的會議影像，驚訝地發現情況並沒有我想的那麼糟。終於，我明白了為什麼朋友仍然感激我的努力。每當想起那個時刻，我依舊百思不得其解 —— 我對自己貢獻的理解怎會偏差那麼多？有時我們會讓自己的判斷在腦中亂竄；有時我們對成功的渴望會削弱我們的自信。這次經驗給我的教訓是，永遠陪伴在你愛的人身邊，並將心力投注在他們身上。不斷地努力。當你搞砸的時候，不要過分自責；設法修正錯誤，然後繼續前進。

儘管這聽起來很荒唐，但我其實不回顧任何一個「大失敗」，至少在人生的這個階段不會這麼做。我向來認為失敗是學習和成長的重要機會。我想這就是我要和我所愛的人分享的事。失敗會帶來失望和難堪，有時還會招致非處理不可的後果。但是倘若你能克服這些問題，你就能經由這次的經驗改變、成長和進步。

我最大的失敗是，當確信自己是對的時候，我總是聽不進別人的意見。我會陷入大聲、激昂（有人說是憤怒）的抨擊，而不是經過縝密思考的對話。我認為自己可以預見未來，看得見事情能否順利發展，因此我向自己的自尊心和創傷屈服。

簡單地說，就是我和父親的關係。

他沒有受過教育，對於運動一竅不通，也不是很有興趣去學。他從來不曾去看過我的比賽，因為他太忙著為家庭工作。他不是一個好丈

夫。但就在他過世後，我深思我們之間的關係時，才明白父親給了我和哥哥無條件的愛。

這還不夠，我想要一個理想的父親 —— 送我上最好的學校，總是告訴我我有多麼特別，這些對我來說都還不夠。他上了年紀才當爸爸（諷刺的是，結果我也一樣），但幾乎我所有朋友的爸爸都很年輕 —— 這是另一個我因為父親而感到尷尬的原因。

在我看來，我最大的缺點是無法接受自己的父親。他是一個沒受過教育的人，在極度貧困的成長環境中受到傷害，在大屠殺中倖存下來，卻失去了他的第一個家庭。有缺陷的不是他，而是我。

我最嚴重的失敗是：在我父親還在世的時候沒有醒悟到這一點；我沒有早點明瞭在他的扶持養育下，我已經是個更好、更有自信的人。他總是清楚地讓我知道，我可以做到任何我決心要做的事，即使在我最缺乏信心的時候。我只希望當我父親患了失智症，在九十三歲時說他認為我不愛他，而我說我愛他的時候，我當時說的是真心話。我現在真的愛他！我可以繼續寫我和父親的關係，以及我怎麼讓父子關係走偏得這麼離譜，但我想停止哭泣，因為這是我無法修復的事。

現在，輪到你了

你最大的失敗是什麼？你從中學到了什麼教訓值得與你所愛的人分享？

很多人認為最難說出口的是「對不起」，但我認為更難說出口的是：「我錯了」——這幾個字我們很難對別人說，對自己說往往更難。我們每個人都曾在某個時刻因為犯錯而遭受懲罰，卻不是因為嘗試而得到鼓勵。

我們在一生中花費很多時間假裝自己沒有犯下不道德、愚蠢、刻薄，或純粹是凡人皆有的過錯。否認和隱瞞我們人生真相的做法，會讓不快的感覺憋在我們心裡，並且剝奪了其他人從我們的錯誤中學習的機會——而我們都希望自己能擁有這種機會。幾乎在每個例子中，清算總來得比人們希望的要遲得多。在這裡浮現的簡單訊息似乎是：「不要等待。」

不久前，我接受一個播客節目的採訪，介紹我的上一本書，講述無法克服對死亡的恐懼會阻礙我們過充實的生活。那個播客節目著重討論西方文化的各種禁忌。在談話過程中，主持人說了句簡單而深奧的話：「如果能夠談論它，我們就可以

設法應付。」在我的生活中確實是如此。帶給我最深的痛苦和遺憾的，正是我沒有與我所愛和信任的人談論的那些事。

談論自己的失敗對我們有好處，能夠紓解因保守祕密或否認自己的愚蠢、甚至不良行為而帶來的壓力。這麼做，對我們關心的人也有益處，它使我們變得更人性化，而且樹立了自省、誠實和脆弱性的重要榜樣。

專欄作家大衛・布魯克斯（David Brooks）指出，他最欣賞的人是認識到自己的「關鍵過錯」，先確認關鍵過錯是什麼，然後謙卑地努力糾正由此導致的不良行為。花些時間深思自己最大的失敗，以及其中的教訓——這很可能是你可以留給所愛之人最重要的真理和無價的禮物。

For You

When

I Am Gone

| 第五章 |

讓你度過
最大考驗的是什麼？

你永遠不該將考驗視為不利因素。相反地，你要了解
面對、克服逆境的經歷其實是一大優勢，這非常重要。

——蜜雪兒・歐巴馬[1]

---

1 Michelle Obama，美國政治人物，為美國第四十四任總統巴拉克・歐巴馬的妻子，
是第一位非裔美國第一夫人。

我非常喜歡的一個笑話是關於一個小鎮的火災。小鎮中心一片火海，溫度高到沒有一家消防公司能靠近去滅火。他們唯一能做的，就是包圍小鎮並眼睜睜看著大火燃燒。突然間，一輛消防車從遠處穿過濃煙以高速行駛過來，繼續超越其他消防車。令人驚訝的是，那輛消防車奔馳到火場正中央停了下來，原來那是當地修道院的消防車。在場觀看的所有人都吃了一驚，因為修女們開始瘋狂地跳下消防車，拿著斧頭、消防水帶和梯子，宛如發狂的跳蚤似地跳來跳去。令所有人又驚訝又高興的是，大火在十分鐘內被撲滅了，小鎮因此得救。

下個星期，鎮上籌畫了一場遊行來感謝修女們。在慶祝活動尾聲，市長邀請修道院院長上台，並遞給她一張一萬美元的支票，以表達小鎮居民的感謝。一名在場的新聞記者大聲問：「院長，您打算怎麼運用這筆錢？」

她回答說：「我要做的第一件事，就是修理那輛該死的消防車的剎車！」

這是個很有趣的笑話，但也揭示了一個難以接受的真相——有時我們的不幸是自己造成的，但有時，我們陷入的搏鬥是我們

從未想要、也不應該承受的。我們在某個時刻都會面臨非常煎熬、困難的挑戰，儘管這並不是我們自己的錯。從那些在灼熱逆境中與應當或不應當承受的大火奮戰的人身上，我們可以學到許多有關勇氣和謙遜的事。

當某人的人生崩潰時，我經常是他們第一個打電話的對象。「史蒂夫，新聞報導剛剛曝光了，還有照片。我好慚愧。我不知道該怎麼辦。」「史蒂夫，榮恩剛才在地下室開槍自殺了。你能不能馬上到醫院和我們碰面？拜託？」「史蒂夫，我剛才發現艾拉背著我和學校另一個學生的爸爸偷情。我受到嚴重的打擊。」「史蒂夫，凱莉昨晚在睡夢中過世了，我不知道該怎麼告訴女兒。我的天啊，她們還那麼小……請你過來吧。」「史蒂夫，我需要你當品格證人為我作證。我好害怕。我真希望我已經死了。」「史蒂夫，驗屍官已經驗完了，葬禮將在星期五舉行。我們就是沒辦法抬著那個裝著我們漂亮的寶貝女兒的小棺材。你願意嗎？」（名字都經過更改，但這些全是真實的例子。）

當然，處理這些問題對我來說都不容易。但在出門前，我總是盡量提醒自己，正在受苦的人比前去幫忙的人要困難得多。

等我抵達時，我提出的建議是根據我觀察許多走過地獄般磨難的人，以及我自己與痛苦奮戰所學到的教訓。那建議是以三個基本的醒悟為基礎——我自身的經驗和每個回答此問題的人都證實了這三個醒悟。以下這個真實故事充分說明了第一個醒悟，這故事是我在專門討論醫療問題的網站上讀到的，並不是笑話：

我不能告訴你我的名字，也不能透露我住在哪裡，或甚至我行醫的專業是哪一科。我不能說的原因是，我一直感到羞愧、難堪，有時還受到侮辱。即使在多年後的今天，我仍然擔心要承擔責任，或遭到懲罰、甚至起訴。這其中有些也許曾經是我應得的，不過今天我的故事是一個成功的故事，是有關希望、支持和康復的故事。我分享這個私密的故事，是為了讓我在醫學界的同事和朋友們能夠聽到成癮性疾病人性的一面，了解這種疾病險惡的控制，以及我脫離這可怕的疾病後所得到的自由與自信。

我直到上醫學院後才開始吸毒。我在高中或甚至大學時期從來不喝酒，也不在社交場合使用藥物。後來，有一天晚上，我覺得很難保持清醒來準備有機化學考試，一位朋友推薦我去找一些

可取得的興奮劑樣品——結果很完美。每當我需要提神時，就開始非常天真地使用這些藥物。對我來說，那就像是一杯咖啡，只是效果更佳。我很快就學會了可以在網路上訂購那些藥物，需要的話隨時有人供應。

畢業後，我開始實習，決心盡力成為最好的醫師。我花了很多時間照顧病人，他們總是會再回來。我的病患人數呈指數成長，我很難跟上。我沒有經營企業的經驗，長時間工作仍無法應付日漸增多的工作量。我發現自己為了跟上工作進度而服用越來越多的藥物，然後又需要更多的藥物來幫助我入睡……

我使用的藥物量急遽增加。除了網路訂購外，我還以家人的名義開處方。突然間，我的叔叔膝蓋痛，岳父的背部出問題，嬸嬸患了關節炎。我沒有想到我所建立的是所謂他們的用藥記錄，我也沒有想過我自己開處方的記錄。我失去了控制，但勉強能應付過去，每天得吃很多藥才能撐過。

在這段時間，我依然覺得自己處於巔峰。儘管我服用藥物，但我是一名醫師，擁有一間生意蒸蒸日上的診所。我提供優質的照顧，沒有病患抱怨。我的妻兒仰賴我，認為我是很棒的養家支

柱。我的家人朋友都很欽佩我。我在社群裡備受敬重。我很喜歡自己的身分地位，覺得那是我從小在學術與社會上有所成就而應得的。

　　然而有一天，緝毒署找上門來詢問欺詐處方的問題。我花了幾個月的時間才理解現實的情況。我的反應是難以置信。我不是暗地活動的毒蟲，當然也不是罪犯。我是個受人欽佩和尊敬的醫師。我確信只要一個微笑一句道歉，整個誤會就會澄清。我真是大錯特錯！

　　我摔這跤的恥辱和嚴重程度無法估量。我不僅要面對開立違規處方在法律和職業方面的後果，還得應付名聲一落千丈後帶來的個人羞辱。我不再是我努力一輩子才達到的成功的象徵。我現在不僅在同事眼裡，而且第一次在我自己的眼中，有了汙點[2]。

　　這個警世故事在告誡我們所有人，不僅要注意毒癮潛在為害的力量，而且要當心否認的危險。這位醫師必須在某種程度上知

---

2 https://www.massmed.org/Physician_Health_Services/Helping_Yourself_and_Others/A_Personal_Story_of_Addiction/.

道他的用藥及開立假處方是有問題的——為了繼續合理化他讓自己的健康、事業、病患、家人承受巨大風險的行為，他似乎將這種體認排除在外。想像一下，如果在填寫第一張違法的處方箋之前那一刻，他為自己的毒癮尋求幫助的話，他的故事將會如何發展。知曉這麼多人的人生內情，當然還有我自己的，我一次又一次地看到我們都曾有過這些錯失的機會，但因為否認、自尊、恐懼或羞恥阻止我們面對自己的道德缺失，而導致後續更為嚴重的後果。

關於我的寫作，人們經常對我說的一件事是，我展現出一般神職人員令人意想不到的脆弱一面。儘管被視為道德典範，我為什麼願意分享自己的過錯與失敗？基於同樣的理由，我希望你也能與所愛的人分享自己的過錯和失敗。你的經驗可以戳破否認，鼓勵你關心的人在第一次欺騙，第一次感覺到疙瘩，或陷入黑暗的抑鬱，抑或謊稱某種難以抗拒的衝動擊敗他們的時候，去面對他們的問題。至少，你的脆弱可以減輕他們的孤單、羞愧、恐懼，因為他們深愛欽佩的人也犯過錯誤。坦白說出我們有過令人難堪的判斷失誤，會留給我們最愛的人具有療癒力的遺產。除了

酒和終將長大的青少年外，很少有東西會隨著時間推移而變得更好。我們越早正視自己的問題越好。

如果我們說真話能讓所愛的人得到解脫，就像我們終於面對自己的心魔時所感受到的那樣如釋重負，而且更快、更沒有痛苦，那將是多麼好的一份禮物啊！

我們許多人在逆境中得到的第二個醒悟是向外求援的重要性。讓別人知道自己正在受苦需要非常成熟的心智。我們很多人從小接受的教導是，真正的勇敢來自於獨自行動，需要幫助是膽小軟弱的表現。然而，我們知道沒有人獨自承受痛苦會來得比較好，沒有一個人如此！從我目睹其他人以及我自己承受的痛苦經歷來看，我認為最糟糕的是遭到孤立和遺棄的感覺，認為沒有人能夠或是應該幫助我們，也沒有人真正關心或理解我們。

我花了很多年的時間才明瞭，當我和自己信任的人分享時，我的痛苦就會減輕一半。獨自行動是一段漫長而不必要的艱難旅程。如我以前多次引述過的《塔木德經》（Talmud）裡的聖賢所說：「囚犯無法釋放自己。」這真是一句明智的話，提醒我們在遭受痛苦時，伸手向他人求助，將使我們擺脫孤立並減輕我們的

痛苦。

最後，對於人生最大最痛苦的考驗，我們必須知道最重要的一點是，我們的確以某種方式承受著這些考驗，並因此學會更充實地生活、更全心全意地去愛。這並不是說這些考驗值得忍受痛苦，只是說，倘若這些考驗能讓我們對自己所擁有和所學到的一切更為感激，使我們的人格變得高尚，那麼這些考驗終究不是毫無價值的。我見過失去孩子的父母，儘管悲傷永遠存在，最後再度歡笑、相愛，繼續生活下去。我曾聽過聯邦法院的法官向一名男子保證，他將能夠撐過入監服刑，出獄後仍能過上富有意義的美好人生——我最近見到了這個人，法官說得沒錯。我見過一名因癌症失去了雙乳、後來不得不進行拙劣的乳房重建手術的女性，重新展開笑顏、游泳、愛人。我曾經和再度墜入愛河的寡婦站在婚禮的天棚下。有個男人在生意上遭遇嚴重的挫敗，無法兌現他答應我們教會要捐贈百萬美元的諾言，幾年後打電話給我說：「我重新站起來了，我想要實現我的承諾。」

我們遲早都會受傷、留下傷疤，而且往往是非常醜陋、可怕的疤痕。然而我們擁有令人驚嘆的能力，能在經歷人生最嚴重

的打擊後倖存下來、治癒和成長。和我的朋友們一起分享你最艱難的考驗，以及你如何克服這些考驗、從中學習、進而釋懷。你的信念、實話、勇氣和自我疼惜，對你所愛的人來說是強而有力的教訓，如今在他們痛苦時需要你陪在身邊，即使在你走後也一樣，尤其在你離開之後更是如此。

我的個性向來強硬，可能會咄咄逼人，因此有時會冒犯別人。但在我人生的某個決定性時刻，當我發生致人於死的車禍時，我完全沒有預料到我的個性會助我一臂之力 —— 但它確實做到了。我不知道自己是怎麼熬過那段艱難的時期。沒有任何指示，也沒有寫下來的步驟告訴我該怎麼做。我只是試著面對事實。我承認我無法控制那起事件的發生，但我可以控制自己事後的行為。假如你花時間憂悶地沉思為什麼是我，為什麼會發生這種事，你就永遠是個受害者。我認為面對事實、正視磨難，是度過艱難時期的唯一途徑。今天我從那場悲劇中走出來十年了，我想告訴我所愛的人，無論情況多麼糟糕，痛苦都不會永遠持續下去。

我最大的考驗是，在我人生的某些時刻沒有父母在身邊。這就是我竭盡全力當個好母親的原因。

忙碌的日程安排讓我度過了難關。我是說真的。不得不在下一小時、一分鐘，或者一天出席及上班。強迫自己繼續前進，在不知不覺中，那件可怕的事已逐漸遠離，或者新的事情發生了，你覺得永遠不會消失或逾越不了的事情就突然過去了。

我人生最大的考驗是和酗酒及成癮奮戰。雖然我二十六歲時就戒酒，並擺脫了身體對飲酒的癡迷，但酗酒的「行為模式」不時突圍，帶給我情緒上極大的痛苦，而且在復發期間，造成我身體和精神上極度的痛苦。

我相信是「願意」救了我的命：

願意誠實，即使我確信坦誠會導致人們拋棄我。

願意試著每天透過祈禱與神接觸。

願意在怨恨、傷害、憤怒的情況下，試著了解自己的本分。

願意將自己的掙扎告訴那些關心我的人，不論他們怎麼看我。

願意「示弱」，請求別人幫助。

願意重返「戒酒無名會」，盡我所能地投入康復計畫。

逆境讓我變得更堅強，我樂於接受逆境賦予我的機會。我與神、我的更高自我和靈魂相聯繫，以便向前推進，並打破所有阻礙我侍奉神的門、牆與窗戶。我有時為了自己，也曾經拆毀同樣的門、窗和牆，這麼做總是帶來痛苦、失敗和損害。

我會回想母親和祖母經歷過的事情 —— 有時是我親眼目睹過的 —— 然後心想：「如果她能度過難關，我也能通過這次的考驗。」我再怎麼強調都不為過，無論發生什麼事，你都可以度過難關。你甚至不必採取什麼行動；不需要你催促，時間自然會過去。

我的家人。我對猶太民族的愛。我完全相信我們不僅迫切需要治癒我們的世界，而且要幫助世界朝越來越正面的方向前進。當然我達不到目標，但努力、嘗試去做的需求令人振奮。再說，不知怎的，我總是會遇見老師，那些傑出、才華橫溢的人為我打開更多的智慧之門。

內心有一些我無法解釋的東西。我的心一直引導著我向前走，應對眼前的挑戰，找出解決辦法，然後繼續前進。不要執著於生活中發生的壞事，這點非常重要。

不要害怕向人尋求幫助。有很多人想要幫你，也有辦法幫助你。這麼做，會讓他們心情愉快。

我在事業上獲得很多成就，卻很難找到真愛。我的童年過得十分艱

辛，我的人際關係模式也不健全。有人告訴我，你會吸引到你認為自己配得上的情人，或者是最熟悉的。當我很晚才終於找到愛情並結了婚，卻傷心欲絕地發現這段婚姻不會長久。儘管我抱著極大的希望、付出許多努力，但這是我人生中一個一切似乎分崩離析的時期。不僅我的感情岌岌可危，而且我為了建立家庭最終放棄了事業，之後我丈夫又失了業。我為自己陷入如此艱難的經濟困境感到羞愧和難堪，並為自己無力解決或改善感到無地自容。我努力對抗嚴重的憂鬱症和一種無望的挫折感。我不曉得該如何爬出這個洞，但知道非脫離不可。我和丈夫領養了一個孩子，因此想讓這個家庭運轉起來，找到我一直渴望的庇護所；但是當情況顯然不會改變時，我知道自己需要做什麼。由於對女兒的愛與期望，以及不想再次經歷童年那般考驗的堅定決心，迫使我找到了掙脫及重建生活的力量與勇氣。這是我所做過最艱難的事；真正驅策我度過難關的，是我對小女兒的愛與夢想。這無關乎我自己或我的想望，而是與我想為孩子塑造和建立的生活有關。我先擬訂一個計畫，明確表示我需要脫離這段無法修復的螺旋式關係。接著我制定重返職場的策略；承蒙神的恩典，我找到了歸屬。當自己存在的一絲一毫都受到考驗時，我會建議女兒，先確認自己最珍

視的價值觀是什麼，然後問問自己，你的生活是否與這些價值觀一致。假如得到的結論是你的生活與價值觀脫節，那就制訂計畫重新調整生活，讓自己在各方面都保持一致。

信仰、家人、朋友，擁有比我更偉大的信念，總是給我繼續前行的信心。當我們完全不知所措時，幸好知道神明白我們的處境；祂不但知情而且關心。我們要做的就是努力，其餘的不關我們的事。雖然我們確實可以選擇朋友、無法選擇家人，但我永遠慶幸我擁有這兩者。隨著時間的推移，你會發現他們才是最重要的。

了解逆境和失望、傷心和鬱悶之間的差別。保持遠見一直是我度過人生考驗的原因。當我們處於創傷之中，很難數算我們所得到的祝福，但祝福總是存在的。給自己時間去悲傷、舔拭傷口。絕對不要忽視自己對痛苦和失去的真實感受，但也不要沉浸其中而迷失自我。

我和父親在一起的十五年裡，彼此之間有著緊密的聯繫，這使我能承受他的離世並繼續自己的生活。我十幾歲的時候，父親在一場空難中喪生，這是我到目前為止面臨的最大考驗。不過，小小年紀就遭遇這樣的悲劇，讓我飛快地成長。我感到非常孤單，我的父親是我的一切。但我學到了身而為人，我們非常堅強，可以應付很多事情。儘管他的肉體離開了，但是在精神上，過了四十二年，我仍然感覺到，父親一直是我心靈和思想的一部分。

我的建議是：將你失去的親人的價值觀當成指路明燈。感謝自己所擁有和曾經擁有的一切。讓身邊環繞著支持並真心愛你的人。努力成為那些真心愛你的人認為你可以成為的那種人。最後一點，不要催逼自己。面對逆境，別著急，好好照顧自己。

我傾盡全力，倚賴家人、朋友和信仰，閱讀勵志書籍，尋求神職人員的建議，並接受人家的幫助。

與神保持連結，幫助我度過了許多考驗。我花了很多時間把頭靠在祈禱毯上祈求指引。同時特別想到《古蘭經》裡的這段經文：「你當讚頌主的榮耀，與眾人一同向神叩頭：你當敬拜主，直到那必然之事降臨在你身上。」（《古蘭經》第十五章九十八至九十九節）。

當我被悲傷淹沒時，當我搬到新的地方感到孤獨，以及近來對於新型冠狀肺炎內心充滿恐懼和不確定時，祈禱一直是我的救命恩典。神的憐憫與慈愛是無窮無盡的。當我信賴全能的神，我前方的道路最終就會變得清晰。

我父親以前常說，只有那些需要支持來撐過艱難時期的人才需要宗教，這意味著，倘若你歷經苦難熔爐的鍛鍊，就不需要宗教了。但對我來說，在禮拜儀式中有條不紊的祈禱，讓我有機會深入了解治療師所說的正念。對於改革派猶太人來說，最需要專注的是在現場（而非在線上用 Zoom）至少十人的群體禱告中，學習希伯來語的日常禱詞，然後被要求帶領祈禱。這需要注意微小的細節，需要承認每日的

錯誤，需要足夠謙遜來提問，這一切都會讓你不再過分關注自我。祈禱是專心一意、有明確方向且鉅細靡遺的；而且我懷疑祈禱會改變大腦的化學反應，無論時間多麼短暫。

在成長過程中，我最大的難題和導致我不安全感的主要原因是我的視力。當我還是個小男孩時，就戴著厚重的眼鏡。我害怕在學校裡被要求讀黑板上的字或是投影在螢幕上的東西，要是我做不到，就會在同學面前感到尷尬。我的好勝心很強，但是手眼協調能力非常差。

我擔心糟糕的視力會阻礙我的一生，因此，我決定讓自己最大的恐懼和挑戰轉變成正面而非負面的條件。我盡我所能地努力訓練大腦，讓我在報告時最多只需要筆記；雖然我打籃球時投籃能力不佳，但我專注在防守上以彌補這個限制。我明白自己面臨著考驗，但我不會讓我的缺陷摧毀我。現在我的視力仍然不理想，但由於醫學和白內障手術的奇蹟，我可以看得更清楚了。

我一直努力教導我所愛的人把問題視為機會。如果可能的話，你需要讓逆境把你變得更強大，而不是任逆境摧毀了你。

直直前進，面對考驗吧！

制定一個計畫。不要忽視、否認或拖延。問題不會消失。我盡量只找那些我認識的有經驗、善於引導且不會妄下評斷的人商量。

說真的，在我人生所有極為艱難的時候，我都倚靠我的信仰。神很良善，祂會把你所有的重擔扛在祂的肩膀上。將你的擔憂和煩惱都交給祂，這樣你的路走起來就會比較輕鬆。

我從其他人那裡獲得的善意和深刻理解，總是幫助我度過難關 ——有時是家人或朋友，但很多時候是我幾乎不認識的人，也就是陌生人的善意。憑我自己一個人，我以純粹的意志力和決心來面對逆境，但這只能讓我在原地踩踩水，無法到達廣闊的大海乃至其他地方。唯有當我向另一個人敞開心扉，冒著他們可能發現我並不完美（這是個公開的祕密）的風險時，我才能做出必要的調整和轉變，以度過人生最

艱難的階段。一絲光亮、一點幽默、一些同理心、些許智慧,這一切幫助我找到度過低潮時期的方法。

現在，輪到你了

在面臨最大的考驗時，是什麼讓你能夠承受並繼續前進？當你所愛的人遭遇真正的逆境時，你能提供什麼建議來指引他們？

在我三十幾歲時，參加過一個由一百名男性組成的年齡圈，成員年紀從二十五歲到八十五歲都有。我們肩並肩地站成一圈，從團體中最年輕的開始，接著是年齡稍長的人，這樣一一下去，直到我們一百個人全都依序排好。圓圈排完後，每個人可以問他對面的人一個問題。

圈子對面的人大概都比提問的人年長或年輕三十歲，這意味著，我可以向年齡是我兩倍的男性尋求建議。我決定請教他們，他們在六十幾歲時所知道的什麼事，是希望有人在三十幾歲時告訴他們的。有一個男人的兒子在車禍中喪命，開車的是他女兒，儘管他吩咐過他們的母親別讓女兒開車，因為情況太危險，但他說：「不管發生什麼事，你幾乎都可以活下來。」房間裡一片靜默。他沒有說「怎麼做」。希望其他人的答案能幫助你思考自己內在的力量，思考當面對真實而痛苦的逆境時，你自己「怎麼做」。

談談你的做法。這會賦予你人生圈子對面那些留下來的人勇氣和力量，在你離開後與他們自己的問題努力奮鬥。

For You

When

I Am Gone

| 第六章 |

什麼樣的人是好人？

不為他人做好事，絕不可能成為好人！

——穆罕默德・穆拉特・伊丹[1]

---

1 Mehmet Murat Ildan，當代土耳其的劇作家、小說家及思想家。

我和妻子在一月時造訪巴黎。天氣寒冷，風大又潮濕，但不知怎地仍然美麗，只有巴黎才能如此。我們瑟瑟發抖、疲憊不堪，走進一家豪華飯店取暖、吃點心。在散發光澤的大理石大廳裡，柔和的音樂在芳香四溢的空氣中飄盪。即使是冬天，四處仍然擺滿花朵，英俊的男士和手臂上掛著愛馬仕提包看似無憂無慮的美女，走向一旁咖啡廳長絨毛的灰褐色座椅。

我們點了咖啡和可頌麵包後，我用谷歌搜尋這個迷人的地方。魯特西亞飯店興建於一九一〇年。多年以來，這家飯店的知名客人包括巴布羅・畢卡索[2]、夏爾・戴高樂[3]、安德烈・紀德[4]、佩姬・古根漢[5]、約瑟芬・貝克[6]。詹姆斯・喬伊斯[7]在那裡寫了一部分的《尤利西斯》。

一九四〇年六月，納粹占領巴黎並徵用飯店後，情況改變了。他們利用飯店來為指揮占領的軍官提供食、宿和「娛樂」。有嫌疑的通敵分子就在對街的監獄遭受嚴刑拷問，所以施刑者可以毫不費力地及時回到飯店喝茶。戰後倖存者立刻被安排住在那裡。當戴高樂見到第一批倖存者，聽到他們忍受的折磨時，他流下淚來。

　　在那個可怕而美麗的地方小口吃著完美、香酥的可頌麵包，啜飲卡布奇諾，我感覺非常不可思議。我想，建築、地方和人都一樣，我們都有很多面貌⋯⋯

　　複雜的事實是，善與惡的問題不是關係到我們的本質，而是我們在任何特定時刻的本質。問問那些努力保持一次清醒一天、一小時、一分鐘的人。問問那些正處於忠誠關係中、但眼神游移正在決定是否維持他們最好、最真實的自我的人。問問那些曾經受到任何事物的誘惑，嚐了蘋果，然後感到羞愧的人。當談到善與惡的時候，我們每個人都處在一場戰役的中心，這場戰爭在我們內心時而爆發，時而悶燒，直到我們死去。

---

2 Pablo Picasso，西班牙著名的藝術家，為二十世紀現代藝術主要的代表人物之一。

3 Charles de Gaulle，法國軍事家及政治家，於一九五八年成立法蘭西第五共和國並當選第一任總統。

4 André Gide，法國作家，於一九四七年榮獲諾貝爾文學獎。

5 Peggy Guggenheim，美國藝術收藏家，出身於美國巨賈古根漢家族，後來創建了以典藏研究當代及現代藝術而聞名的古根漢基金會。

6 Josephine Baker，非裔美國藝人及演員，後移居法國，曾為法國情報局擔任間諜，加入反納粹的地下組織，於二〇二一年入祀巴黎萬神殿，是萬神殿首位黑人女性。

7 James Joyce，愛爾蘭作家及詩人，為二十世紀偉大的作家之一。

以蘇聯時代異議分子亞歷山大・索忍尼辛（他靠吃老鼠從古拉格勞改營倖存下來，比大多數人對惡有更深的了解）的話來說：

「假如有惡人在某處暗中做壞事，只需要將他們和我們其他人分開，然後消滅他們就好了。可是劃分善惡的界線卻貫穿了每個人的內心。」

宗教以天堂和地獄來表示，往往過分簡化了善與惡。你最終只會選擇其中之一，絕不會兩者兼而有之。然而，當我們真正審視自己的內心時，我們會發現天堂或地獄是遠比我們或他們、向上或向下要來得複雜的問題。

思考一下這個看似簡單、實則不然的故事。儘管有些微不同，但這故事已經成為包括印度教、佛教、伊斯蘭教、猶太教和基督教在內好幾種文化的民間傳說的一部分。以下這個版本的故事是出自羅姆西肖克（Romshishok）的拉比海姆（Haim）之手。

有個人想知道天堂與地獄的祕密。神准予了他的願望，並派了一名嚮導先帶他去地獄。他們進入一座美麗宮殿的一間大房間裡。地獄的居民圍坐在宴會桌旁。金質大淺盤上堆滿了想像得到

的最美味的食物，但這些食物完全沒人動過。骨瘦如柴的晚宴客人因為餓得持續疼痛而呻吟。「這些人這麼餓的話，為什麼不吃呢？」那人問嚮導。

「看仔細一點，」嚮導回答。「他們沒有手肘。他們的手臂被直直地鎖在身體前方，沒辦法彎曲手臂把食物放進嘴裡。」

接下來，嚮導帶著那人上天堂，在那裡他們進入一間宴會廳，和剛才在地獄參觀過的房間一模一樣。用餐者的手臂也和地獄裡的那些人一樣無法彎曲，可是每個人都吃飽了而且很開心。「這是怎麼回事？」參觀者問嚮導。「要是這些人沒辦法自己拿食物來吃，他們為什麼這麼開心？」

「再看仔細一點。」嚮導告訴那人。他照做了，然後發現每個人都抬起自己僵硬、無法彎曲的手臂餵食桌子對面的人。

這個故事讓我們思考，為什麼地獄裡的人會有不同的行為？那裡的人難道不想吃東西嗎？他們當然想。假如天堂和地獄裡的每個人都想吃，那表示地獄缺少了某樣天堂不缺的東西，那就是關心其他同樣挨餓的人的能力。

地獄是個人們不關心別人的地方；這樣的地獄，有時存在於我們每個人的心中。為什麼我有時會拿錢給在加油站主動要幫我洗擋風玻璃的無家可歸的女人，但有時又視而不見？因為和所有人一樣，我們的同理心來來去去，我有時在天堂，有時在地獄。有很多光明的時刻，我可以敏銳地感受到他人的痛苦；還有很多時候，我處在一片漆黑中什麼都看不見，只能想到我自己。

叔本華[8]提出了這樣的疑問。為什麼一個人能對別人的疼痛和苦難有所反應，彷彿那是他自己的疼痛和苦難？為什麼一個人能忘記自身的安全，冒著生命危險飛身去拯救別人？叔本華的答案是，同情是體認到你和他人本為一體的事實；分離的體驗是次要的。更深層的是，所有的生命都是一體的，所有的意識都是同一個意識，當我們幫助別人時，就證實了我們所有人的一體性。

我們都知道，當我們孤獨害怕時是誰伸出援手，是誰給我們一頓餐點、一張字條、一個擁抱、一趟便車、一個歡笑。當我們

---

8 Schopenhauer，十九世紀著名的德國哲學家，開創了唯意志主義及現代悲觀主義。

感受到同情時，我們都知道它；當我們看見良善時，我們也都知道它。而且我們都清楚，這取決於我們每個人是否一次又一次地贏得自己內心的戰爭。

世界上乃至我們家庭裡的苦難，全都源自於我們所經歷的簡單卻可怕的誘惑，這些誘惑經常一天出現多次：索取而不付出，呼喊而不傾聽，相信別人的心和靈魂與我們不同，並且沒那麼複雜也沒那麼有人性，無論他們是看起來與我們迥然不同、住得很遠的人，還是我們自己的家人，不知怎地，假如我們刺傷他們，他們不會流血——而且倘若我們不承認他們，他們就不重要。

我們生活在一個非常容易物化他人的世界裡，對於「你是否在乎；你是否真的在乎其他人？」這個問題，我們每個人的答案都既不是「是」，也不是「否」，而是「有時候」。

生物學的第一法則是自我保護；心靈的第一法則是同情。確實，這兩者可能會發生衝突，但讓我們超越動物的，正是同情。同情是善良的特性；同情是人間的天堂。從我收集到「什麼樣的人是好人？」這問題的答案中，可以看見同情的力量和美好。

當好人就是得明白自己所做的事會對其他人造成影響。這不一定要全然無私，而是同時抱持這種想法：我們對自己和自己的幸福負責，而其他人的幸福也同樣重要。

當好人就是採取下一步正確的行動來服事神和其他人。當好人就是在行動中「愛人如己」；關切陌生人、窮人、有需要的人、無能為力的人和無聲的人。

我祖父以前時常對我說，我不一定得「善待」任何人，但必須「公平對待」每個人。這句話我一直牢記在心。我們可以決定想對誰特別好，但是我們必須對每個人都公平。公平對待別人是成為好人最起碼的標準。那更高的標準呢？希望（並努力）讓其他孩子都有機會獲得你會希望自己孩子擁有的東西。

很難描述「好人」是什麼樣的人，但是當你和他們在一起的時候，你絕對知道！我知道我和一個好人住在一起。他正直、善良、堅強、體貼、不在乎人家的銀行帳戶，也不在意「他們是什麼重要人物」，做正確的事，但不想因此得到稱讚。

好人是受到委屈時，願意暫停下來的人。更深入地傾聽並思索別人如何做或需要什麼，才能成為更好的自己。信奉錫克教的積極分子及作家薇拉瑞・考爾（Valarie Kaur）稱其為革命之愛。我發現，我在齋戒月禁食時更能意識到這一點。白天缺乏食物和水，加上每晚和清晨的禮拜導致睡眠不足，使我的步調放慢下來，足以讓我更加注意到那些微妙之處，使我能夠明白其他人在交流什麼、需要什麼。三十天的齋戒很辛苦，是磨練人格的工具。只要我們能夠甘受齋戒，並度過會讓我們餓到生氣而虐待他人的時刻就好了。當身體不再掌控我們的行為，自我克制讓我們能夠想像自己可以在周遭做的好事時，內在的良善就會顯現出來。在猶太教經典《米書拿》第五章關於齋戒的內容

中，經文提醒我們要銘記過去的艱難事件，並快速反思這些事，然後禁食。當我們這樣做時，我們就會「回歸良善」。在不同的傳統中，都有許多通往良善的途徑。選擇一條吧。這是一趟艱難的旅程，但每一步都是值得的。成為好人並非膚淺的存在狀態，而是一條走向更好自我的熱切之路。

無論做什麼，或你能做到什麼程度，都要堅持不懈地努力做到最好。關鍵字是「堅持不懈」，因為你不會總是這樣做；另外一個是「嘗試」，因為你不會每次都達成目標。這不是一場完美競賽，但你必須把標準訂高一點，然後堅持下去。

我喜歡被稱為穆薩爾（Mussar）的猶太教道德行為運動所建立的範本和榜樣。即時的歡樂、頃刻的滿足、輕率的決策，絕不可能是成為好人的構成要素。良善需要練習、努力和專注。

好人永遠不會是像道林·格雷[9]那樣的人。我們的所作所為會影響我

們。我們所做的抉擇，可能會讓自己的靈魂留下傷痕、變得殘缺。

好人會放棄一些個人的需求，讓更大的群體能獲得更大的利益。良善需要成熟、自主，需要一套個人的準則，永遠貼在我們人生的鏡子上。

良善從來不要求完美，但總是需要我們願意承認自己的不足之處。

良善可以由我們希望看到自己的子孫有什麼樣的行為來定義。

自願奉獻自己，無論是對需要的朋友或家人，抑或是慈善機構，獻出時間、金錢和自己。對那些幫助自己的人表達感謝，無論是收銀台人員，還是以更重要的方式提供幫助的人。

好人會出現並陪伴在他人身邊。好人會為自己和別人挺身而出。

行為準則會隨情況變化，道德則是不變的。好人可能會做壞事，但做了某些壞事就表示你不再是好人了。好人會設定界限，壞人則會多次

---

9 Dorian Gray，愛爾蘭作家奧斯卡·王爾德的作品《格雷的畫像》中道德淪喪的男主角。

跨越這些界限。Kadosh（聖者）、Kosher（符合猶太教規的「潔淨」食物或用具）都是源自「區分」一詞，因此，劃分界限可以是聖潔的行為。

我認為當你是個好人，你就會散發出愛。愛是一切。良善就是愛。

富有愛心、善解人意，在別人需要你的時候陪伴在他們身邊。

好人會為了大我的利益而犧牲小我的利益。這意味著，要有強烈的同理心、關懷他人，並願意在必要時採取行動。

我從不對自己的孩子說謊，也不逃漏稅。但倘若我需要撒謊來保護家人，就像許多猶太人在大屠殺期間所做的那樣，那我肯定會那麼做。

而且，我仍然認為自己是個好人。

好人會關心別人、富有同情心。好人寬宏大量、會嘲笑自己。好人樂於幫助別人。好人做好事不需要別人提醒。

主動沉默。我的意思是，無論我多麼想說些什麼，但有些時候，出於同情，最好還是保持沉默。我想這意思是，當一個脆弱的人傷害了你時，你要寬厚地處理。我不一定總是那麼善良，品德不是那麼高尚，但如果你能避免內在的傷害，那麼，沉默也可以是值得欣賞的。我想，普遍的準則就是康德的「定言令式」（Categorical Imperative）：你不希望別人對你做什麼，就不要對別人那麼做。

好人：一、待人至少要如期望別人對待他們的那樣。二、盡量善待每一個人。無論富有或貧窮、聰明或智力平庸，我們都只是平凡的人。

三、回饋。不管你對社群或非營利組織的熱情如何，都要回饋。四、幫助別人變得更好，而不是希望他們遭殃。五、誠實待人，除非說實話可能會傷害他們的感情。可以說善意的謊言，其他謊言則不行。六、不說閒話，也不說別人的壞話，尤其是他們的朋友。這也許是要當好人最難維持的品德。七、帶給別人笑容和快樂。說聲「你好」、「謝謝」、「你看起來很棒」、「我能幫你什麼忙嗎？」有多難。八、是人們通常想待在他身邊的人。

對我來說，當好人意味著要問自己，如何才能真正地為人服務。藉由體貼、同情、支持、陪伴、同理心和存在來提供服務。

我認為當好人是過著自覺、勤懇的生活。對我而言，那意味著我自知已經用所能掌握到的資訊做了最好的決定，夜裡能安然入睡。那意味著對他人和自己都富有同情心。那意味著領悟到我們都是某種比自身更大事物的一部分（很可能不只一種「事物」）。

我認為是誠實、可靠、寬宏大量、正念。平衡地照顧自己，同時也有
能力在適當的時候將他人放在第一位，並總是出現在他們身邊。

黃金準則是：推己及人。什麼樣的人是好人？這是個誘導性的問題，
因為這問題暗示著善與惡，但是渴望達到的目標卻遠遠大於這樣的二
元性。對我來說，當好人就是即使在我疲倦或自尊心受損時，也會出
面並盡力而為。這意味著即使隔天要交一個大企劃，但是孩子需要跟
你談談，你仍然會在三更半夜起床。這意味著生氣時仍然要和顏悅
色，覺得受到怠慢時依然要寬宏大量。耐心占了良善很大一部分，還
有願意承認失敗、不良行為、過錯、失策也是。當個好人就是要活在
當下，不論在路上遭遇什麼困難，都要盡量言出必行。

好人會付出和寬恕，心中有個道德指南針，明瞭我們都同樣不完美。
掙扎是好事，會讓我們富有同情心。掙扎就像海洋的平靜或怒號，永

無休止地受到地球引力以這樣或那樣的方式牽引，讓我們保持平衡，不會自鳴得意。

現在，輪到你了

當個好人意味著什麼？

《塔木德經》上說：「在受孕的那一刻，一位天使取下即將形成孩子的那滴精液，拿到神的面前。『萬物之主啊，這滴的命運將會如何？』天使問。『它會成長為堅強的人還是軟弱的人？聰明人還是傻子？富人還是窮人？』他沒問的是，這人會變得邪惡還是正直。」

為什麼不問？為什麼天使不問神這個即將成形的人會變得邪惡還是正直？因為聖賢認為，我們要為自己的道德選擇負責，而不是由我們的基因、環境或是神來負責。基因可能決定我們的身高或強壯程度，甚至可能決定我們的智商，但無法決定我們是否正派──我們的品行是否端正取決於我們自己。

這裡有些好消息。行為符合倫理道德──為人善良、真正的善良──會幫助我們周遭的人變得更為良善。

想想這個研究計畫：在洛杉磯的住宅區，有個人站在一輛爆胎的車子旁。經過的駕駛人若在四分之一英里外看到有人幫助別人換胎，那麼，他們停下來幫忙的可能性，幾乎是那些先

前沒看到幫忙場景的人的兩倍。

　　樂於助人、寬宏大量的人會鼓舞人心。他們會提醒我們面前擁有的選擇，會激發我們的同情心。設想一下，你和你最愛的人在沙灘上畫一條線，並站在線後方。選擇越線到另一邊的人，要致力於公正、善良、體貼和同情。沒有人行動，所有人都因為脆弱、恐懼、私利或冷漠而裹足不前。如果你跨越那條線，或許他們就會跟隨你；但他們需要你的激勵。

　　有一次，我坐在父親療養院的餐廳裡，和一名義工聊了起來。他在退休前是位很有影響力的律師。為了打發時間，他自願每星期到療養院當幾天的申訴專員。他的工作是處理投訴，為療養院的住客及其家人辯護。

　　「每當社群裡有人看到我在這裡，我都知道他們在想什麼，」他告訴我。「他以前是商界和政界最高層的重要人物，負責促成交易，現在卻在這間療養院當義工。」

　　「但是你看到那邊的那個人嗎？昨天，他們供應他午餐時，把半個哈密瓜擺在他面前，三十分鐘後就來收走了。我攔住那個端走餐盤的女人，我告訴她：『這個男人中風了，他沒

辦法那樣子吃哈密瓜。妳得幫他把瓜挖出來。』於是她真的把瓜挖成適合入口的塊狀。然後，那人慢慢放下湯匙，一次舀起一塊，輕輕地放入嘴裡。昨天看著那人吃哈密瓜，」他總結說，「是我一生中最美好的時刻之一。」

不計較得分。不擔心他的善意會得到什麼回報。沒有任何理由，只是找到善待他人的方法。只是一個和善的舉動。一個簡單的越線行動好讓其他人跟隨。

告訴你所愛的人你在生活中遇過的好人，以及你也展現出同情心的時刻。在此時和你離開之後，引導他們跨越那條貫穿每個人心中的線。

For You

When

I Am Gone

| 第七章 |

愛是什麼？

然而，過了這麼久，
太陽從來不曾對大地說：
「你虧欠我。」
瞧瞧這樣的愛會帶來什麼，
它照亮了整個天空。

——哈菲茲[1]

---

1 Hafiz，十四世紀著名的波斯詩人。

有時我會當著小孩的面，把糖放在玻璃碗中溶解，然後叫他們嚐嚐水的味道。

「好甜哦。」他們一邊高興地把手指放入咯咯笑的嘴裡，一邊驚呼道。

「為什麼是甜的呢？」我把兩手手心向上一攤，聳個肩問。

「因為你放了糖！」他們大聲說。

「等一下。這水裡面有糖？」我表示懷疑地說。

「有，你放進去了。我們看見你放了！」他們繼續用盡三歲的力氣大聲說。

「可是你們又沒看到糖，怎麼知道糖在裡面呢？」我大聲地表示疑惑。

然後，我引導整群傻乎乎喧鬧的孩子到下一階段的課程。「摸摸鼻子，」我說。「現在摸摸頭，接著摸腳趾，然後耳朵。」他們高興地聽從這些指示。「現在仔細地聽好，」我提醒他們。「摸摸你們對爸爸媽媽或兄弟姊妹的愛。」教室安靜下來。有幾個人觸摸他們的胸口，但是大多數的孩子都感到困惑。接著，我告訴他們一個非常偉大而美麗的真理，那就是有種我們

觸摸不到也看不見卻非常真實的東西，叫做感情。 我告訴他們，感情是所有東西中最重要的，而所有感情中最重要的就是愛。

日後這些珍貴的生命將會學到，儘管我們看不見也觸摸不到愛，但我們可以用愛來行動，這在日後將成為人生最真實、最富有意義的時刻。

愛是冷漠與私心的反面。當與我結縭三十六年的妻子貝琪和我相遇的那一刻，彷彿我周圍的氣壓都起了變化。她的藍眼眸美得令我屏息，至今依然如此。

如我先前提過的，我們在第二次約會就訂了婚。我們的愛不言而喻。這一切全憑感覺，到現在經常還是如此，但它的意義遠不止於此。愛是當她生病在廁所嘔吐時，半夜起來幫她把頭髮往後撥，然後在她回床上睡覺後，將它清理乾淨。愛是當我在動過脊椎手術、服了過多鴉片類藥物好幾個月後深受憂鬱症所苦。那時我的情緒失調非常嚴重，假使有個魔法精靈來找我，對我說：「史蒂夫，我會滿足你任何願望：世界和平，金銀財寶，終結所有的癌症、飢餓、欺壓和痛苦。」我會說：「別來煩我。」然後

把被子拉起來蓋到頭上。我只想待在黑暗中。偶爾餓了的時候，我唯一想吃的是貝琪做的烤起司三明治。她在麵包四面全部塗上奶油，再抹上一點美乃滋，然後將合適的起司混在一起，烤到外酥內軟的完美程度。在那些陰鬱的日子裡，幾星期、幾個月以來，貝琪支撐著我，為我做那些療癒的三明治，扶我到浴室，為我找到心理方面的幫助——我自己都沒意識到我非常需要那些協助，然後耐心地等我重新振作起來；她做這一切沒有絲毫埋怨或沮喪。愛是無私、寬容的。

愛讓我想逗貝琪笑，在夜裡為她的腳保暖。愛是我們一起為孩子擔憂，無論那天壓力多大或爭吵得多麼激烈，都會在被窩裡牽著手。愛是在她動了雙乳切除手術後幫她清空引流管，並向她保證我的愛堅定不移。愛是我們共同分擔悲傷、金錢、時間、任務、夢想和失敗。愛是不論有無性行為，以及在一起的時候不需要說話。愛是我端咖啡給她，她在床上穿著法蘭絨睡衣的模樣；是我們在經過那麼多年後看著彼此，仍帶著一種感恩的心情說：「我們老了，結婚了。」

　　貝琪和我並不孤單。每個感受到愛的人都知道，愛需要某種魔法才能萌芽，但需要大量的無私奉獻才能滋長。你即將在此讀到關於「愛是什麼」這問題的回答，幾乎都包含了某種無私的要素，就是一再將別人的需求和願望放在自身之前。這不僅僅適用於人生伴侶，也適用於父母兒女、兄弟姊妹、家人、朋友、同事及寵物。

　　大多數人普遍認為犧牲是一種損失。我們會說：「這犧牲慘重，」或「他做了極大的犧牲。」但古代有一種對犧牲的看法卻恰恰相反，我認為那種看法更接近事實。《聖經》中代表犧牲的詞彙是Korban，其詞根意思是「靠攏或接近」。犧牲是古代人接近神的方式，也是我們人類拉近彼此距離的方式。有些人或許會說我們犧牲是因為愛，但更深層的事實是，我們是因為犧牲才愛。愛就是付出。愛是最無私、神聖的東西，簡單而純粹，看不見卻感受得到，如糖一般甜。

愛是行動。

愛是在雜貨店買你不喜歡吃，但你丈夫很愛的東西。愛是當孩子呼喊的時候就放下一切。愛是關心別人勝過自己。

愛的核心是在其他人身上看見人性和意義。愛意味著心平氣和地看待付出多於索取。愛是為了與他人及周遭的世界連結而犧牲、放棄自我。愛意味著付出一部分的自己以找到內心的平靜。

愛是一種難以形容的能量，它讓我們將他人的需求置於一切之上。愛是一種力量，可以化解仇恨並將其轉為寬恕。愛能消除憎恨，治癒心靈的創傷。愛是擺脫自我束縛的自由。

愛是你必須投入的態度和行為。假如你同時感覺到溫暖和頭腦不清，那恭喜你了！但愛是糖霜，不是蛋糕本身。不相信我的話，請想一想，當人們聲稱彼此相愛時，他們會變得多麼殘酷。

正如史考特‧派克博士（Scott Peck，精神科醫師及《心靈地圖》一書的作者）所定義的，愛是超越自己的局限和界限，以促進自己和他人的心靈成長。這並不是利用他人的弱點來對付他們，而是與他們內心的 Tzelem（神的形象）連結。

愛是自由與寬慰，因為知道無論順境或逆境，你都可以做自己，不受人評斷。

愛因對象而異，但總的來說，那是一種想要照顧別人勝過自己的感覺。但除此之外，我對已故丈夫的愛是，每當我見到他，看到他眼裡

的火花，我的內心就小鹿亂撞，覺得無論生活多麼艱苦，他都是我想要一起度過艱難時刻、慶祝快樂時光的人。

對於我的孩子，那是一種在我和他們共度的所有日子裡，我都想要保護他們，讓他們不會遭遇危險、障礙和傷害的感覺，希望他們能夠幸運地過著平靜的生活。

愛是一種歸屬感，是覺得一切恰到好處，覺得你有能力成為最好的自己、甚至超越自己。愛是在你心中打開的一扇門，讓你的心比以往更為寬闊。愛是一種交流、平等、尊重、關懷、奉獻的感覺。這是一種支持別人，也知道他們支持著你的感覺。

讀一下《哥林多前書》（*Corinthians*）第十三章四至八節：「愛是恆久忍耐，又有恩慈。愛是不嫉妒、不自誇、不張狂。不做不合宜的事；不輕易發怒；不計算人的惡，只為真理而歡喜。」

愛是勇敢的行為，無論在順境或逆境都活在當下，絕不放棄某個人。

愛讓我不再需要不斷地評判、評價別人。愛是一種存在狀態。倘若我們試圖清楚地表述愛的意義，愛就會縮小。

我認為愛是一種情感表達，表現出你對另一個人、另一個生命（例如：寵物）、一項事業，以及生活中讓你感到快樂滿足的活動的熱愛。

對我而言，愛是當我給剛出生的嬰兒餵完奶後，她的小耳朵依偎在我的胸口時，我所感受到絕對的平靜和存在。
當下此刻。純粹的連結。

說愛不是什麼更為容易。愛不是迷戀，迷戀是以自我為中心。愛也不全然是利他，因為利他主義在某種程度上也是以自我為中心。愛是以他人為中心，有時甚至會危害到自我；從愛中會產生奉獻、依戀、相互依賴，以及超越自我的東西。

理想的愛，是培養一顆包容對方而不占有他人的心，接納並容忍他們的缺點而不控制他們，用心傾聽，體諒彼此的差異，以互相尊重、欣賞的態度共享親密關係。

對我而言，愛意味著容忍，並至少在有些時候，將別人的需求置於自己的需求之上。愛會因為關係的類型不同，而有不同的樣貌。有可能愛一個人，但有時卻不喜歡他們（幾乎每個父母都很清楚這一教訓）。愛可能時而令人厭煩，時而令人興奮，時而令人氣餒，時而令人心碎。但是任何值得擁有的愛，最終都是互相的。

愛是你對另一個人的特殊感情，讓你將他們置於自己之前。

我喜歡這個問題。《哥林多前書》中把愛闡述得很好，不過我要帶大家回到我的馬雅祖先那裡，在那裡，愛被定義為一句問候語「ala kesh ala kin」，意思是「我在你身上看到的光亮就是我心中的光。」我相信古往今來的聖賢所說的，我們都是由愛組成，當我們與自己內心的這道光相連時，就能夠在彼此身上看到光亮。愛首先是脆弱的，是我們的仁慈、同情、容忍、崇敬、公正、公平，以及對我們周遭的美好與奇蹟的讚賞。愛是讓人在即使面臨痛苦或失去時，也能振作精神的內在力量。我有時覺得，愛是神提醒你內心永遠抱持希望的那股能量。我在對大自然、對遼闊的海洋、對那些歷經季節和數百年來依然存在的高聳山峰的敬畏中感受到了愛。

愛是在你情緒低落時，你心愛的小狗把鼻子埋在你的膝蓋上輕輕磨

蹭。愛是和理解你並讓你有歸屬感的朋友和家人一起做飯,分享一頓豐盛大餐和一杯美酒。愛是分享歡笑,而微笑讓你想起生活是美好的。愛是讓神聖的連結、親密、分享和深切的關愛,在重要甚至不重要的時刻,都陪伴在身邊。愛是我的孩子,即使在她頂嘴的時候。愛是生命力,我確信如果我們能夠永遠活在光明之中,愛就是我們存在的唯一理由。

愛是無條件的。當你愛一個人,那麼無論好壞,你都會接受他原本的樣子。即使不確定自己真正的感受如何,你也會說聲抱歉。
愛只是一種感覺,你不必思考,只要感受就好。假如你得認真考慮,那可能不是愛。

我從我的狗身上學到了無條件的愛,尤其是我們的第一隻狗莉莉。每天我要出門工作時,莉莉幾乎都會站在門邊看著我,用眼神問我是否不打算帶她出門;我會告訴她這非常難受,但我不得不離開。當我回

到家，她就會飛奔到我身邊，整晚無論我走到哪裡都跟著我。沒有任何條件，不會因為我沒帶她出門而心生怨恨，只有愛。被無條件地愛著，是多麼美好的感覺。

現在，輪到你了

愛是什麼？

　　想想蘿西，我們十八歲的玩具型貴賓犬，她又聾又瞎，還患有失智症。幸好，她並不痛苦。儘管如此，她總是分不清白天和夜晚。貝琪和我一天要抱她到外面解手好幾次。當她在半夜為了無法解釋的原因而嗚咽時，我經常起來陪她。蘿西患有二尖瓣閉鎖不全，每天需要服藥兩次，而且她在屋裡漫步時偶爾會撞到頭。有時她會失禁。今天早上，她睡著時我將她抱在懷裡，感覺她微小的心跳貼著我的胸膛。我想起這麼多年來她為我們家帶來的快樂，尤其是在孩子們還小的時候。在我悲傷或疲憊不堪時，她本能地來到我身邊；在我生命中兩次重病時，她一連好幾個月都不肯離開我的身邊。無論我住在豪宅或是紙箱，蘿西都會一樣愛我。我一點都不介意她現在需要我。她的脆弱讓我對她的愛更深，而不是減少。

　　我知道我絕不是唯一一個對自己的寵物有這種感覺的主人。我們人類和動物親人之間有個關鍵的區別，那就是動物不在乎我們為什麼愛牠們；就算牠們在乎，也無法告訴牠們。

不論次數頻繁與否，人們會對彼此說「我愛你」，卻幾乎從不說為什麼。關鍵的問題是：為什麼不？現在是讓你所愛的人知道原因的時候了。對他們和你多年來的犧牲表達感激，這樣的犧牲培養了你們對彼此的愛。告訴他們，他們如何帶給你歡笑。告訴他們，他們對你的重要性以及原因。這樣一來，你們對彼此的愛將不只存在於今日和明日，而會在你離開之後仍恆久不渝。

For You

When

I Am Gone

| 第八章 |

你曾將某個人
從你生命中剔除嗎？

你知道為什麼鹽對蛞蝓有效嗎？因為鹽會溶解在蛞蝓的表皮黏液，因此蛞蝓體內的水分就開始流出，蛞蝓便會脫水。這方法也適用於蝸牛、水蛭，還有像我這樣的人。事實上，是所有臉皮太薄、無法為自己挺身而出的生物。

——茱迪‧皮考特[1]

---

1 Jodi Picoult，美國當代的暢銷小說作家，至今有十數本著作，包括《孤狼》、《凡妮莎的妻子》、《姊姊的守護者》等。

我很意外，有那麼多人因為我上一本書的某個段落來找我。他們感謝我說出大多數人不談的真相。那是我在自己生活中以及多年來幫助別人平息恐懼的經驗中學到的事。在那段引起許多人關注的文中提到的恐懼，比大多數人知道的要更常出現。那是對內疚的預期心理，想像與你斷絕聯繫的人過世時會有什麼感覺。對話的內容大概像這樣：「我很多年沒有跟我媽說話了。我從小到大她對我的態度都很冷淡、壓抑。無論是小時候還是成年後，每次和她在一起，我最後都覺得自己很糟糕，並對她無法傾聽我說話、尊重真實的我感到沮喪。但現在她快要死了，我恐怕會後悔沒有與她和解。」

「我不認為，」是我誠實的回答。「你很可能會感到如釋重負。」聽到這回答，人們往往感到訝異，但事實是，倘若一個人在生前不斷地傷害你、讓你失望，那麼這人在臨終時很有可能還是會繼續傷害你、讓你失望。死亡通常不會賦予人新的個性。你不會，她不會，大多數人都不會。

我自己的母親已經四十多年沒有和她父親說話了。他曾經是

我童年的一部分，前一天還在，隔天就消失了。她從未透露過她把他從她和我的生命中剔除的確切原因。她只說了一句：「他是個卑鄙、無禮的人。」我後來才知道，當她和兄弟還小的時候，她看見他毆打她的兄弟，而我的外祖母則與精神疾病奮戰，最終在我還是個小男孩時自殺身亡。似乎外祖父的一切都令我母親感到痛苦。」

　　有一天，可能是藉由我父親的幫助，她為自己挺身而出，將他從生命中驅逐出去。在我年輕的時候，我認為她的決定為我和我的四個兄弟姊妹樹立了糟糕的榜樣。「家庭第一」不就是這個道理嗎？

　　距離上次見到外祖父三十多年後，我決定去找他。我最近剛在布道中提到處理未解決的情感問題的重要性，意識到我應該採納自己的建議。我外祖父仍然住在明尼亞波利斯的那間小屋裡，就是我幾十年前最後一次見到他的地方。我寫信給他，拿到了他的電話號碼，然後去拜訪他。沒多久，我就意識到我母親是對的。我清楚地了解到，多年前她若不保護自己就會遭到她父親的羞辱，而且很可能會情緒崩潰。

我並不是建議我們停止努力和那些有時可能難以相處或令人討厭的人維繫關係。那樣的話，世界上就不會有夫妻了。我說的是比較少見且極端的情況，也就是對你的幸福有害的人。你可能納悶，我為什麼把這種問題列入要你考慮與自己所愛的人分享的事情之中。原因是，這問題談到了一個更大、更重要的教訓，那就是有時我們需要勇敢，有時則必須痛苦地為自己挺身而出。

　　這對我來說是件非常困難的事，因為我的個人生活和職業生活緊密相連。在大多數情況下，與某個不尊重或傷害我的人斷絕關係，就等同與我有義務服事和關心的教友脫離關係。再說，神職人員應該不輕易發怒，很快就寬恕，並諒解、體恤那些行為惡劣的人，因為他們幾乎都受到了情感方面的創傷。除此之外，大多數神職人員選擇這條道路的部分原因是我們希望被人喜歡；更重要的是，我們非常清楚拒絕與太多人（或甚至是一個有錢有權的人）建立友好關係，可能意味著在教會的任期結束了。

　　在我的職業生涯中，大多數人都很和善、親切、有禮。少數幾個曾對其他人散播我的閒話或對我說謊，不公正地妄加批評，甚至惡毒傷人。坦白說，身為神職人員，你要不卑躬屈膝，要不

就得承擔捍衛自己後果的風險。兩者我都做過。年紀越長，我越不願意忍受不友善的人。我越來越善於為自己挺身而出，而這是我但願自己能早點學到的一課。

　　除了我自己之外，我還找了一些人願意分享經驗，談談他們斷絕、放下或擺脫對他們不利的關係。願我們都能互相學習。

啊，這很痛苦。永不放棄任何人與毫無怨言地容許某人使盡最壞的手段，兩者之間是有區別的。所以，是的，我不得不拒絕某些人進入我的生活。

對自己誠實非常重要 —— 你是否受到這個人的傷害，因為他喚起你不想看到的東西？這並不是將他們從你生命中剔除的理由。但是有些人正在設法解決他們自己的混亂狀況，認為你不關上門繼續前進，是在為他們或你自己帶來任何好處，那就大錯特錯了。我們留下來，是因為想取悅別人，還是認為自己是某人最後的希望？那只是以自我為中心，對任何人都沒有真正的助益。不，我有些非常顯著的成長，正是來自我清楚大膽地說出「你不許通過」的時候（所有真正了解

我的人都知道那是引自《魔戒首部曲：魔戒現身》裡甘道夫的話）。

我不得不將一些人從我的生命中剔除，因為他們對我的存在意義有害，並吸引了我最低劣、最卑鄙的部分。看清每個人的真實面貌，而不是你想要他們成為的樣子，這是避免與對你不利的人接觸的關鍵。他們也許是好人，但不適合你。

有時，告別是一份禮物 —— 對你和他們都是如此。我相信人們來到我們的生命中是有原因的，無論是停留一段時期，或是一生。分離向來不是件容易的事，但有時是無法避免的。當我與某人的關係不再讓我成為一個更好的人時，就是該繼續前進了。

我從未經歷過如此有害到不得不剪斷紐帶的關係，但我偶爾會讓紐帶延伸到幾乎要斷裂的地步。這很少是因為人的問題，而是與環境有

關。我們不願相信關係與環境有關，但事實確實如此，除非你和對方
付出很大的心力將關係提升到情境層面之上 —— 這麼做，非常耗費
時間和精力，不可能經常如此。簡而言之，這就是婚姻如此具有挑戰
性的原因。無論發生了什麼事情，永遠必須將這段關係擺在第一位。

我遭人剔除的次數多過我與別人斷絕關係。每次與交往對象分手，我
都獲得了同情和支持。有一次是朋友將我排除在外，那次情況比較難
以理解和接受，我幾乎沒有得到任何支持。朋友拋下我們時總是漸行
漸遠，直到我們明白他們的意思。但是我收到一封絕交信，是一位純
粹精神來往、非常親密的男性朋友寄來的。我對他而言是毒藥；他沒
有得到他真正想要的。他的離去是明智的自我保護。

我認為當涉及戀愛對象時，應該有「三振出局」的規則。我們經常
發現自己陷入對一方或雙方都沒有助益的關係中。如果你在乎對方，
就給這段關係三次機會去試著轉換成積極的動力 —— 倘若你們兩人
真的很希望這段關係能走下去，就接受輔導諮商 —— 不行就忍痛放
手。人生短暫，永遠無法健全的關係不要拖延下去。基於我對純友誼

的朋友和戀愛對象一樣重視，我想同樣的規則也適用。

當我聽到一位大學時期的女性朋友一直在背後說我壞話，而且開始和我以前的男友約會時，我不得不結束與她的友誼。我知道即使我原諒了她，也無法再相信她會為我的利益著想。我是用寫信的方式和她絕交的，但我不建議這麼做。（那時還沒有電子郵件和簡訊。）我並沒有給她機會為自己辯解；倒不是說那會改變我的心意，但那樣做會公平一些。

我會告訴我所愛的人，如果他們需要將某個人從生命中剔除，他們應該思考一下自己想說什麼。練習說出來，然後透過電話或面對面的方式與對方交談。毫無解釋就斷絕往來是逃避；用簡訊告知他們則是無禮的行為。誠實、明白、冷靜地溝通永遠是上策。

我幾乎和所有的前任都還是朋友，也沒有不跟哪個家人交談。有時，苦苦掙扎的人需要有牢靠的護欄來讓他們回到正軌，但除了暫時停止

與他們互動之外，我總是會回到他們身邊，或是讓他們知道他們可以回到我這裡。即使面對一些我所謂最大的敵人，我仍然會保持一條暢通的管道，希望像老舊但可靠的煤炭那樣提供溫暖。

我確實曾不得不將一個最好的朋友從我的生命中剔除。我們在很年輕的時候相識，隨著彼此的成長，我們改變了。僅僅因為你結束了一段關係，不代表你必須憎恨他們或對他們心懷惡意。在平和與愛中送他們離開。

當我的兒子離婚時，他的前妻希望與我和我的妻子繼續維持關係。考慮到他們分手的事實，我們覺得這麼做已經逾越了基本的行為界線。儘管我們跟她關係良好，但是越過那條線的行為不容忽視；這對我們的家庭及價值觀確實是嚴重的冒犯。

是的，而且我差點要補充說：「那是當然的。」當這種情況發生時，
不是平常朋友分開的那種典型的漸行漸遠，而是因為這段關係存在著
一些有害和危險。最後，如果有人想破壞幫助我們度過一天的保護機
制，你必須確定對方的意圖是治療性質，還是帶著敵意。治療性質的
破壞最好由心理治療師來完成，否則就根本不要！

與我丈夫分離是最艱難的 —— 不是因為我不愛他，而是因為我愛他。
這決定很困難，是因為我知道要過我渴望的生活，就必須離開他。我
還做過其他困難的抉擇，離開與我的世界不再合得來的朋友。我女兒
也遇過類似的難題，我們談過自己曾來到該說再見的十字路口。
分手不一定要憤怒或醜陋，它只須來自你清楚自己的信念、價值觀和
存在的意義。當你在一段關係中不再感覺愉快、健全、正面、被人接
納，或者信任，而且你已經盡了全力，那麼離開也沒關係。
我經常說這句話：「願意辜負別人對你的期望，忠於自己。」

我的好朋友在工作場合背叛了我，任由其他人指責我做了我絕不會做的事。我受了極大的傷害，但由於我們長久以來的關係，我向自己和其他人為她的行為辯解。我在丈夫的幫助下，終於為自己挺身而出，並且明瞭我們的友誼有一種不健全的行為模式。我決定斷絕這段關係。這麼做了以後，我的呼吸變得比較順暢，身體更為放鬆，我對於表達自己的意見更加堅定。我經常講這個故事給我的女兒聽，因為我想讓她們知道，正直地生活並捍衛自己始終很重要。

我確實有一段不得不斷絕的友誼。那是在我年輕還沒生小孩之前，這個朋友和她當時的男朋友在我的家庭生活中扮演了非常重要的角色。說實話，他們不再出現在我的生活中令人痛苦，但我很清楚那段關係並不是非常平衡、健全。

我希望傳授給我的家人這個想法：所有的關係都會隨著時間而轉移、改變，若我們能與對方一起轉變和成長，那段關係才會持續並加深。但有時一段關係是不健全或有害的，那就放手吧，沒有關係。

我的確必須遠離生命中的某些人，遺憾的是，其中有些人是我的家人。我了解到，很不幸地有些關係無法維持下去，但那無所謂。我相信那不會讓你或對方成為壞人，只是有時會出現這樣的結果。

我想說的教訓是：不要太輕易放棄，盡你所能地努力維繫關係，但是到了某個時刻，該繼續前進就向前邁進，不要過分自責。繼續祝福你已疏遠的所愛之人好運，不要說他們的壞話。

但願我們在犯錯時，能夠承擔責任、道歉並彌補過失。這麼做，我們就有希望在人際關係中吸引到同類型的人。但有時我們在生活中會遇到一些不友善的人，他們利用我們或背叛我們。當某些人向你表明他們就是那種人時，讓他們走吧。

不要一直心懷怨恨。向前邁進，並理解為什麼你的生命中沒有那個人很重要。

現在，輪到你了

你曾經不得不將某個人從你的生命中剔除嗎？在這個決定中可以獲得什麼教訓來引導你所愛的人處理他們的人際關係？

我朋友里奇的姑姑和他父親是在二戰中唯一倖存下來的直系親屬。這位姑姑憑著外貌和機靈救了自己和弟弟，不過，從不讓他忘記這一點。她竭盡所能地控制他，告訴他，他不夠聰明，無法成功；遺憾的是，他相信了。她也瞧不起里奇的母親，對她很刻薄。

有一天，他父親打電話給她，誇耀里奇的哥哥艾薩克的學業成績；對里奇而言，那是關鍵的一刻。艾薩克是個才華洋溢的十三歲青少年。姑姑回應說，很可惜，里奇永遠不會有什麼成就。里奇記得他母親當時正在偷聽電話，突然開始對他姑姑大吼，但那年他才六歲，心想或許姑姑說得沒錯。也許哥哥確實是家中最聰明的孩子，里奇注定和父親一樣如姑姑斷言的那般失敗。

儘管母親告訴他，他一生可以達到的成就沒有極限，但那個沒有安全感的六歲男孩，因為必須戴遠近雙焦眼鏡，所以老

是感到困窘且不太確定。然而，不知何故，他決定不再跟姑姑說話，要盡一切努力證明她錯了。

「我一生中最欣慰的是，我姑姑活著看到我出人頭地，」將近六十年後他告訴我。「或許我能教導我的孩子們最重要的一課是，不要讓生命中的任何人壓制你。有很多人會讓你對自己充滿信心，所以沒必要把讓你失去活力的人一直留在身邊；那些人對誰都沒什麼好的評價，這樣他們才能覺得自己高人一等。沒有人的生命中需要負能量。」

我們每個人都有一條底線，一旦被別人跨越，就會造成無法挽回或原諒的傷害。肉體虐待；將令人尷尬、痛苦的祕密告訴別人，違背了信任；公然對我們說謊，或說關於我們的謊言；總是索取，從不付出；毫無解釋就斷絕往來；說人閒話──無論你的底線是什麼，在某些時刻，與你親近的人都有可能跨越那條線，你就不得不做出決定。

你所愛的人可以從這些時刻學到很多東西。將你「為了捍衛自己，不得不把某個人從生命中剔除」的故事告訴他們。儘管我們都希望獲得別人的尊重，但最重要的還是自尊。

For You

When

I Am Gone

| 第九章 |

你希望人們
記得你什麼樣子？

想想美好的回憶吧，她在我腦海中喃喃低語。

記住你愛他的那一刻。

於是就那樣，我想起來了。

——辛西亞・韓德[1]

---

1 Cynthia Hand，美國《紐約時報》暢銷青少年小說作家。

我遇到老人時，總會在腦中玩一種視覺回歸的遊戲，這是我在很多年前從一位醫院牧師那裡學來的技巧。他告訴我，去醫院或療養院探視老人時，很多人會在無意間犯錯，把老人當成孩子一般對待。他們說話大聲而緩慢，避開複雜的問題和情緒，盡量說得簡短，然後離開。「我克制自己別犯那種錯的方法是，」他告訴我，「一走進房間，我就仔細端詳對方的臉，試著想想他們年輕個三、四十歲的模樣。然後我把他們當成還是那麼年輕地相處。重要的是，要記住每個人都曾經年輕過──活力充沛、快樂、戀愛、玩鬧、充滿夢想。有些人可能上了年紀，但內心有一大部分仍然是年輕人。盡可能尊重、理解對方。」

三十多年來，我一直聽取他的建議，而且不僅是在醫院和療養院，我在雜貨店排隊時也玩同樣的遊戲，因為我看到一名老婦人騎著電動滑板車，前面放著一個籃子。她拿著優惠券提出問題，花了很長的時間結帳，考驗著我的耐心。於是我想像她在自己的婚禮上，身穿白色蕾絲禮服。她年約二十出頭，長得很美麗，有一雙栗色的眼睛和含羞帶怯的笑容。她的男人從戰場上回來了。她塗著鮮紅的唇膏，濃黑的眉毛形狀完美，烏黑發亮的捲

髮上蓋著薄頭紗。在V型領口上方有一串簡單的珍珠項鍊點綴著
她的頸項。我看見她餵她英俊的新婚丈夫吃第一塊蛋糕；閃光燈
泡一閃，他們就跳起舞來。她快速地旋轉，開心地笑著，轉得頭
暈目眩。他們對於生活和愛有股難以抑制的渴望。「下一位。」
收銀員說，把我從幻想中猛然驚醒，那位老婦人駕著電動滑板車
朝自動門出口離去。

　　我父親罹患阿茲海默症有十年之久。起初他因此變得蒼老；
最後變得判若兩人。從某種意義來說，他死了兩次。第一次是在
疾病改變了他的大腦時，他因此變成了另一個人，不再是我的父
親，我也不再是他的兒子。多年後，他又死了一次，他的心臟停
止跳動，他在半夜裡悄然離世，宛如一陣微風。而我人在兩千英
里之外。

　　每次我去療養院探望父親，我都會彎下腰來和坐在輪椅上的
他齊高，傾身觸碰他的臉頰，請人幫我們兩人拍照。我的手機裡
有很多這樣的照片。我想拍下每一張照片，以防萬一這成為我最
後一次見到父親生前的最後一張照片。當時這麼做似乎是對的，

我無法下定決心刪除這些照片，但如今我討厭這些照片，照片中的我微笑著掩飾破碎的心，而他發呆地凝視遠方。這不是我想記住的父親的模樣，而是我想忘記的他的樣子。

　　如今，父親去世四年多了，我更常滑手機看他的其他照片。一張是我姊妹去年寄給我的，大約拍攝於一九八〇年。我爸穿著輪式溜冰鞋和他最好的朋友喬伊一起，帶著燦爛的笑容在溜冰場上滑行，自由自在而放鬆。他玩得很開心。我媽肯定是和喬伊的太太南西一起休息的時候拍下這張照片。還有一張照片是他坐在聖代前面，面前還有三罐額外的美妙的熱巧克力醬。他穿著寬鬆的紅色法蘭絨襯衫，口袋裡塞著一張稍微用過的餐巾紙，正要將湯匙送入口中，一滴熱巧克力醬沾在下巴上，就在他燦爛、迷人的笑容和閃閃發亮的藍眼睛下面。「爸，你在哪裡？」我凝視著那些歡樂時光的影像，在家中辦公室安靜的獨處空間裡大聲地問道。「你在哪裡？」

　　我知道這個問題的答案。他在我的腦海中，因為人類獲得了最非凡的禮物——記憶。與地球上的其他生物不同，我們有能力將過去召喚到現在，並帶著過去走向未來。我們能夠想像我們所

愛的人以前的模樣，在他們罹患失智症、腫瘤、看診、注射、插上各種管子之前；在葬禮和鐵鍬翻動之前；在我們承受初期悲傷的巨大衝擊，以及一生因失去而情緒起伏但所幸強度稍微和緩之前。記憶讓我們痛苦地重溫過去及我們深愛的人的衰弱，但記憶也讓我們能夠超越痛苦，想起我們所愛的人在他們最美好、最心滿意足、快樂的時刻。

　　你希望你所愛的人帶著哪些關於你的回憶呢？哪些畫面會在他們的心中翩翩起舞，如同新娘在芬芳的空氣中旋轉，幸福而充滿活力？

我穿著牛仔褲和長袖運動衫，在高大的紅杉樹林裡健行。我五十歲，帶著我的狗。我的父母、祖父母、叔伯阿姨都在山路盡頭等著我。他們迫不及待地想擁抱我。

我只希望你看到我高興地笑著。也許我在海灘上，天氣和煦，我穿著

飄逸的白色長裙，和艾維斯在一起。

最近我去看我們最小的孫女剛養的小狗。我和那隻小狗一起在地上打滾。在陣陣大笑聲中，牠的口水流得我滿身都是。他們經常在安息日的餐桌旁見到我，也看過我演講、布道、教學。他們見證了將我和他們祖母緊密聯繫在一起的愛與愛的行動。

年紀大一點的孫子跟著我學習。讓他們記住我出現在 Zoom 視訊會議上邋遢、不修邊幅的外貌。很多孩子曾跟我一起玩過趴板衝浪 ── 我穿著黑色防寒衣。請記住這點 ── 我幫他們換過尿布。他們見證了我的生病和衰老。我希望他們記得我所有錯綜複雜的樣子，因為那就是我的真實面貌。

我猜想，我的妻子、兒子、我最要好的朋友，會在我和他們的關係中看到我獨有的面貌。我沒有任何「希望」他們看到的東西。我希望他們會看到對他們每個人來說重要的東西。倘若他們能互相討論這些

東西，那就更好了。

我會讓艾咪想像我在紐奧良的爵士音樂節上，穿著Ｔ恤、戴著太陽眼鏡，一邊聽著美妙的音樂，一邊咬一口「窮小子炸牡蠣三明治」。我大概是四十多歲。

我希望我愛的人把我想像成一個親切和善、人們稱為正人君子的人。我希望他們想像我在家裡、與家人一起度假、跟朋友在一起享受彼此的陪伴。還有，和我的妻子一起做一些事情，例如：只是一起看電視、一起旅行，享受彼此的陪伴。我寧可穿得隨意，也不要太過正式。我很樂意與我的妻子和女兒們一起合影，享受在一起的時光。

這題很簡單！今天就可以了！我希望他們看見……我跟鮑伯在一起，他和我一起笑，我們跟一群朋友在一起，我盛裝打扮，甚至可能戴著

帽子（！），當然，還要展示鮑伯多年來送給我的許多絢麗的珠寶。時序是春天，花園裡繁花盛開，我們都在橄欖樹下，我們的三隻黃金獵犬也跟我們在一起！天堂！

我希望他們看到我在閱讀和學習。我希望他們記得我總想學習新的事物，並且我一直想和他們分享我對世界的理解。

我很可能穿著牛仔褲或運動褲和白色 T 恤。到這時候，我應該已經超過一百歲了。

我希望在他們慶祝每個節日時，會記得我看待與家人朋友聚在一起共度假期、參加特別活動是多麼重要。

好吧，在回答這些問題的人之中，我是少數曾去過「未來世界」的人，當時我的心臟停止跳動了幾分鐘，情況並不算太糟！沒有白光，也沒有帶我的靈魂到陰間的護衛，因此，我不去想這件事。

我為病患提供諮詢時，我告訴他們，搭上火車肯定比留在車站要容易

得多。倘若你的靈魂達成了它在這世上的目的，那麼，離開不應該是痛苦的。

我想，我希望他們能想像我和祖母、媽媽和最好的朋友在一起，在某處欣賞現場的音樂劇。或者，也許在廚房裡烘烤點心，但不是為了做生意，而是為了樂趣。無論如何，我都在一個快樂的地方聆聽或欣賞音樂劇。

在二〇一二年夏季倫敦奧運會的十七天裡，我們是真正的一家人。我希望我的家人想像那次旅行的快樂。那時我們相處融洽，朝同一方向邁進，大家互相遷就。那是我們初次全家出遊的重要旅行，只有我們一家人。每天都安排了一定程度的計畫，不過，我們滿足每個家庭成員不同的要求，每個人看到不同的活動都很興奮。我女兒喜愛體操，我太太喜歡田徑，我兒子愛看游泳。我喜歡看他們盡情享受我的第六次奧運會，也是他們的第一次奧運會。

我希望他們看到我們大家在一起有多麼快樂。雖然偶有吵架或爭搶有利位置的情況，但就是一家人。我只想看到我們一家人在一起。沒有什麼比這更好的了，其他都不重要。

啊 —— 我擺脫了肉身的束縛，我變得永恆不老，我既和所有人在一起，也沒有和任何人在一起，我是上帝電力網的一部分電流，以一種我能察覺卻從不知道的方式活著。

我希望我深愛的人能感受到那股愛的能量永遠存在他們心中。我希望他們看見我在大橡樹葉間閃耀舞動的陽光中，映襯著積雪封頂的山脈和傾瀉而下的瀑布，一片水霧灑入山谷中。

我是大自然能量的一部分，這股能量存活、呼吸、舞動，光是見到如此美麗的景色，就會激發敬畏之心。我和我的小狗玩飛盤、追逐球的能量同在。我自由自在，是所有生命力的一部分，永遠存在於你的每一口呼吸、每一次美麗的邂逅、狗兒的每一次舔拭、每個笑容、每一種藝術表現之中 —— 我希望你能感覺到我是家，是無窮無盡的壯麗的一部分。我不會想像自己以肉身的形式與逝去的人在一起。我感覺

到有股強烈的召喚，帶著我所知的所有愛的能量回家，返回我們一起游泳的大海。我希望我愛的人看到我在大自然中，自由、遼闊，永遠存在於恆久的愛之中。

我穿著運動服，跟已故的丈夫一起享用美好的餐點。

我希望他們只記得讓他們快樂的事，任何我們一起度過讓他們心情愉悅的或長或短的時光。我不需要他們記得我的傑出或成就；我希望他們感受到我們共享的私密情感。我不擔心人家忘記我做過的事；我想確保他們能感受到我們曾經帶給彼此的感覺。沒有人會真正記得我嬰孩時的樣子，也少有人會清楚記得我小時候的模樣，因此，我希望他們會記得我來到今生、此刻在這世上的樣貌。也許我沒刮鬍子、一派休閒，但帶著非常親切的笑容，點亮他們的一天。

我想，那一定是五十多歲的我，和丈夫、女兒一起攀登夏威夷考艾島崎嶇險峻的山徑，穿著健行裝備，鞋子上滿是泥濘；因為絆倒，身上有很多擦傷和瘀傷；頭髮上沾滿著海水。儘管我覺得自己可能會精疲力盡而昏倒，但臉上仍然掛著燦爛的笑容。

只要記住我最好的樣子就好了。大笑，微笑，聆聽我喜愛的音樂。熱情地投入工作中，見證愛情，服務他人。

當我離開時，我希望我所愛的人會說些我的趣事來保存對我的記憶，並且記得我多麼愛他們每一個人。我希望當他們在外面看見美麗的花、鳥，甚至蜥蜴時，他們會回想起我從前經常和這些花、鳥、蜥蜴說話。甚至，也許他們也會這麼做。

我希望如果他們願意，他們會在身邊保留一、兩張我的照片，並和我說說話。我保證如果他們認真聆聽，我會回答的。

我希望他們看到我穿著露露檸檬（Lululemon）運動衣和長袖運動衫散步回家，臉頰因新鮮空氣而紅潤，眼睛閃耀著光芒，臉上帶著笑容。無論我多大年紀，那是他們最愛我的時候。我和丈夫以及三個孩子在一起，很可能還有他們的伴侶，有幾個孫子會更好。只是坐在後院裡，曬曬太陽，開懷大笑，相親相愛。

我希望我深愛的人看見我的微笑、我的心，以及我對他們和人類的愛。我會成為那個帶著「在神凡事皆有可能」標誌的人。我會跟所有已故的親人在一起──我的父親、母親、叔伯阿姨、堂表兄弟姊妹、我的兄弟，以及朋友、老師。我將在他們呼吸的空氣中，並盡可能接近他們的召喚。

我希望我深愛的人看見我的微笑、我的心，以及我對他們和人類的愛。我會成為那個帶著「在神凡事皆有可能」標誌的人。我會跟所有已故的親人在一起──我的父親、母親、叔伯阿姨、堂表兄弟姊妹、我的兄弟，以及朋友、老師。我將在他們呼吸的空氣中，並盡可能接近他們的召喚。

他們將無法判斷我的年齡，因為我會穿著覆蓋到眼睛的黑色羽絨外套，在黃昏時分，站在一大片冰原上，等著看一隻貓頭鷹飛出來。

現在，輪到你了

　　當你所愛的人在你離開後想像你時，你希望他們看到什麼？你在哪裡？多大年紀？跟誰在一起？穿什麼樣的服裝？正在做什麼？

　　人類獲贈了另一項祝福——我們不僅擁有記憶的能力，還能有意識地創造出讓他人保留的回憶。

　　每當我們處於某個美好的時刻，我經常對我的孩子說：「記住這樣子的我，說給你們的孩子聽。」有時他們會翻個白眼，叫我別那麼「積極」。但大多數時候，他們會傾聽，並默默地在腦海中描繪出幾十年後的景象。他們明白我要他們捕捉瞬間的建議，不只是出於我是他們的父親，而是一個聽過上千個家庭在親人喪禮前一天分享他們回憶的人的建議；我知道在我們離開之後什麼東西會長久地銘刻在腦海裡、活在心裡，而我們永遠無法確切知道那天何時會到來。

　　在你活著的時候，你可以決定你想要創造什麼回憶和瞬間給你心愛的人；當失去的悲痛蔓延到他們的心中時，可以給他們擁抱什麼樣的美好。

幫助他們看到你希望被別人看到的樣子，以你希望的方式
記住你；在只剩下記憶和愛的時候，感受到你對他們的愛。

For You

When

I Am Gone

| 第十章 |

有什麼好的建議嗎？

好的建議比紅寶石還稀有。

——薩爾曼・魯西迪[1]

---

1 Salman Rushdie，印裔英籍作家，因出版《魔鬼詩篇》一書遭伊朗宗教領袖下令追殺。

黎巴嫩裔美國作家和藝術家卡里·紀伯倫（Kahlil Gibran）說得對：「在一滴水中，可以發現海洋的所有祕密；在你的一面之中，可以發現所有方面的存在。」儘管我認為這是天賦，但我妻子和孩子經常取笑我喜歡用一句話來概述一個複雜的問題或解決方法。我不由自主。在我生長的家庭中，意第緒語的詞句是教授人生課程的主要工具。後來我繼續研究古代文獻，那些文獻往往將幾世紀以來各派學者之間冗長的爭論濃縮成一句措詞簡短的教誨。多年來，我也學到了我們說的許多重要事情只需要用幾個詞彙。「好。不好。我願意。是女生！他走了。愧疚。我愛你。對不起。沒關係。我在這兒。」我們可以僅用兩、三個詞彙表達非常多的意思。格言、片語、諺語、口號是智慧的結晶，只用幾個簡單但無比重要的詞彙，就能在我們此生和離世很久以後引導我們所愛的人。

有些詞句充滿智慧，有些風趣，很多則是兩者兼具。我和我的兄弟準備只用父親最喜歡的話語來書寫致父親的悼詞，他不斷地重複這些話，來教導我們財務管理、都市生存智慧、尊重和看待自己問題的角度。以下舉幾個例子：

關於看待問題的角度：「無論是什麼問題，總比屁股上長膿瘡要來得好。」

關於貧窮的痛苦：「當一個貧窮的新娘起身跳舞，樂隊就會去上廁所。」

關於省錢：「積少成多。」

關於設定優先事項：「一個屁股不能同時坐在兩把椅子上。」

關於人生如何不公平：「『睪丸，』王后說，『我要是有睪丸，我就是國王了。』」

關於尊重：「老闆不一定是對的，但他還是老闆。」

關於毅力：「只要你推，它就會動。」（故意一語雙關）

關於醫師和汽車修理技師：「只要他們查看，就會發現些什麼。」

關於拿到一手壞牌：「就是這樣啊，還能怎麼辦。」

關於看清一個人的表面之下：「你可以給豬戴上耳環，但牠還是一頭豬。」

對我父親而言，這些詞句具有非常重要的價值，是他的信條、教誨、提醒、指導，是他想留給孩子的濃縮遺產，這樣一來，我們在他走了之後就不會迷失方向，就能繼續聽見他的聲音，感受到他的存在，在人生的十字路口上保護我們、指引我們。

　　他是對的。雖然他過世多年，但每當我面臨抉擇，或有其他人向我尋求建議時，我經常仰賴他那些時而風趣、時而粗野，但總是非常中肯的簡單詞句。這是他最有意義的生活方式之一。

　　當我提問時，人們給了我多麼豐富的話語，宛如一座寶庫！我非常高興能把那些話收集起來，在此與你分享。這一章讀起來很有趣也很受用，盡情享受吧！

奧古斯都皇帝的這句話是我兄弟引用的，我經常對自己和尋求建議的朋友重複這句話：「欲速則不達。」

我也常說「不到最後一刻，結果無從分曉」——我想起我朋友的媽媽，她在五十多歲時喪偶，九十歲時再婚。在故事結束前，你永遠不會知道故事的發展。

有時候，少即是多。

不要以為你知道答案，就停止思考問題。

倘若你拯救了一條生命，你就能拯救世界。

最重要的是，不要造成傷害。

說話前，先三思。

配角是他們自己生命中的主角。

定義你的，不是你犯的過錯，而是你事後的行為。

愛你的星球，你只有這一個。

「你是我可愛的小臉蛋。」（出自《飛天萬能車》（*Chitty Chitty Bang Bang*）電影裡的一首歌，描述我想捏我的孩子時，我對他們的感受。）

猶太文明是一座發展了四千年的花園，你真的打算讓這座花園在你的照看下枯死嗎？

敬愛的神，請讓我擺脫自我的束縛。

你喜歡正確，還是喜歡快樂？

當你祈禱時，要準備好接受神帶來的不便。

我的病想要我死，但只有痛苦，它也得勉強接受！

「你的任務不是去尋求愛，而只是去找出你內心打造出來抗拒愛的所有障礙。」—— 魯米 [2]

「製造好的麻煩。」—— 約翰·路易斯 [3]

「不要去五金行買牛奶。」—— 作者不詳

「你遇到的每個人都在經歷一場你一無所知的搏鬥。永遠要以仁慈待人。」—— 羅賓·威廉斯 [4]

「挑選你的戰場。你不必出席每場受邀的爭論。」—— 曼蒂·黑爾 [5]

「你打算如何度過你不凡而珍貴的人生？」—— 瑪麗·奧利弗 [6]

在每一天中找尋平凡的魅力。

成功就是爬起來比跌倒剛好多一次。

但願所有的生命都快樂，免於恐懼和傷害。

就在前幾天，我聽到一位老人用了「allen jüdische kinder gesagt」這個詞語，字面意思是「所有的猶太孩子都這麼說」，意指要你從正確的角度看待自己的問題，就像「任何人都能說這是幸運的」或是「每個人應該都有這樣的問題」。

我對他說：「這詞語你是從哪裡聽來的？每當我們抱怨損失或我們被寵壞的痛苦時，我奶奶總會說這句話。」

他回答說，他十幾歲時曾在卡茨基爾山符合猶太教規的猶太旅館工作，聽過所有舊時的用語。

我不禁笑了。我們擁有的東西如此之多，因此，大多數的小挫折和缺

---

2 Rumi，十三世紀生於波斯的伊斯蘭教蘇菲派詩人。
3 John Lewis，美國政治人物及民權運動者。
4 Robin Williams，美國知名演員，曾榮獲奧斯卡金像獎、金球獎、艾美獎等殊榮。
5 Mandy Hale，美國《紐約時報》暢銷書作家，著有《享受單身吧》等書。
6 Mary Oliver，美國詩人，曾榮獲普立茲獎和美國國家圖書獎。

點都被看作是我們兄弟的財富；即使是損失，我們也應該心懷感激。每當我們打破東西或做錯事時，我奶奶也經常用一些其他維也納猶太人舊時的詞語：「Malheur（法文的「災難」），我失去的遠不止這些。」最後一個，是她母親在談及我父親時經常用的詞語，她說我爸爸有「Bittere Gevureh」，這是一種從生活的痛苦煎熬中所汲取的力量。

痛苦必不可少，苦難則可選擇。
每天悔過，然後在失敗中前進。
這裡有這麼多屎的話，附近某個地方肯定有一匹小馬。
我今天要學什麼呢？
不管你覺得如何，去做下一件正確的事吧。

勇敢無畏。
保持謙虛。
學習聆聽（並且聽見）。

以愛引領。

認真對待畢生的事業，但是生活不要過得太嚴肅。

你就是你最深切的渴望。

你的渴望如何，你的意圖也就如何。

你的意圖如何，你的意志也就如何。

你的意志如何，你的行為也就如何。

你的行為如何，你的命運也就如何。

出自《奧義書》(*Upanishads*)。每一句都帶給我清晰的思維，指出一條用心生活的道路。

做你自己。

展現真實的自我。

仁慈待人。

努力成為別人樂於和你相處的人。

不斷地學習成長。

如果那麼重要，他們就會回電話。

要有自信；這會讓別人比較輕鬆自如。

不要直接跳到結尾。

愛意味著總是要說抱歉。

「我們要去辛辛那提。」──比爾‧貝利奇克教練[7]

在《聖經》裡，約拿單為他的至友大衛王的離去而哭泣，但國王認為
行動比哭泣來得重要。

人們可能糟糕透頂。就忘了吧。

我非常愛你、信任你。我真的如此。

「要殷勤地教訓你的兒女。」──《申命記》六：七

你是獨一無二的。絕對不要忘記這一點。

「永遠保持謙遜和友善。」——提姆‧麥格羅 [8]

「如果你說不出什麼好話，就什麼都別說了。」——動畫電影《小鹿斑比》裡的兔子桑普

「有人向你展現他們是什麼樣的人時，第一次要相信他們。」——瑪雅‧安吉羅 [9]

你要怎麼吃掉一頭大象？一次咬一口。

你不開口，你就得不到。

沒有風雨，就沒有彩虹。

說出顯而易見的事。

「假如我不為自己著想，誰會為我著想？倘若我只為自己著想，那我

---

7 Coach Bill Belichick，美國職業橄欖球教練，贏得八次超級碗冠軍（美國國家橄欖球聯盟史上最多冠軍），二○一四年賽季新聞發布會上，針對記者提問，回答：「我們要去辛辛那提」。

8 Tim McGraw，美國著名的鄉村音樂歌手、詞曲作者、唱片製作人、演員。

9 Maya Angelou，美國作家、詩人、民權運動者。

算什麼？如果不是現在，那是何時？」—— 希勒爾長老拉比

以正面的想法展開一天。

想想自己的幸福，以禱告結束一天。

盡可能壯大自己。

感激自己的身體還能活動。

微笑是你能掛在臉上最棒的東西。

你必須去做你該做的事。

倘若要做，就放手去做，不要回頭看。

如果她死了，就是死了。（有些事情你無法掌控，只能接受。）

還有比這更好的嗎？

沒有一棵樹能長到觸及天堂。

出賣靈魂是沒有任何回扣的。

你可以做任何事，但並非事事都能做到。

不要以較小的事情為主。

部分的你，並非你的全部。

就算摔倒，也要倒著奮戰。

「我知道人們終將會遺忘你說過的話，人們會忘了你做過的事，但永遠不會忘記你帶給他們的感受。」──瑪雅・安吉羅

「我只是個無法說不的女孩，似乎根本說不出口。」──音樂劇《奧克拉荷馬！》（Oklahoma!）中的阿杜・安妮

如果事情起初一團糟，最後通常也會搞砸。（破產法第一條法則。）

如果三個人知道一個祕密，最好死去兩個人。（我從班傑明・富蘭克林那裡借用了這句話，並在生活中了解到很少人能夠保守祕密。）

我就是你。

有志者，事竟成。

相信。

種瓜得瓜，種豆得豆。

我們已經夠好了。

「永遠，永遠，永遠不要放棄。」—— 溫斯頓・邱吉爾

「爬起來，撢去身上的塵土，重新開始。」—— 來自電影《搖擺時代》
（*Swing Time*）

這也將成為過去。

盡情享受吧；時間比你想像的還要晚！

「結交新朋友，也要留住老朋友。新朋友是銀，老朋友是金。」——
約瑟夫・培利[10]，來自女童軍歌本

你選擇的是朋友，不是家人，所以明智地挑選吧。

兩點之間最短的距離是直線。或者換個說法，當你可以簡化事情，何必把它變得複雜？

你無法戰勝基因。（我對這點始終存疑，但孩子明確地教會了我。）

10 Joseph Parry，威爾斯著名的音樂家和作曲家。

現在，輪到你了

<u>最能概括你人生經歷中累積的智慧的五句格言是什麼？</u>

「你知道媽媽現在會說什麼嗎？」我在葬禮前與喪親的家庭聚會，談論他們去世的親人時，經常聽到這樣的話。隨之而來的，往往是媽媽、爸爸、爺爺或奶奶最愛的格言，這些話是他們在世時給親人的指引，在他們離開後仍然幫助親人度過悲傷，並將在餘生中繼續陪伴他們。

在你所愛的人有生之年，你可以用簡單幾句話給他們建議：那些話語傳達重要真理，會逗得他們微笑、大笑，會引導他們思考並保護他們免受痛苦。

現在就告訴他們。交給他們足夠簡練的智慧，讓他們從現在到永遠都能隨身帶著。

For You

When

I Am Gone

 | 第十一章 |

你的墓誌銘會寫些什麼？

實踐你的墓誌銘。

——蘇怡・威爾[1]

1 Zoe Weil，國際人道教育組織執行長。

當政治人物、名人，甚至普通人聲稱自己有一套價值觀，卻被發現他們以另一套截然不同的價值觀來過生活時，往往會導致令人尷尬的衰敗。社群媒體及我們文化中「抓包」的風氣意味著，那些被揭穿假面具的人很少獲得原諒。要過那樣的雙重生活非常困難，在情感上也很痛苦。那種焦慮和認知失調可能會令人難以承受。

很多遭到以某種方式「揭露」的人會告訴你，終於不再過著虛偽的生活讓人感到多麼暢快。想想前眾議院議長吉姆·萊特（Jim Wright），他被逮到有六十九次違反道德規範，被迫不光彩地辭職。一旦他的祕密曝光後，他開始依照他所知道的正確方式過生活，他說：「我的身體、精神、經濟，以及其他各方面幾乎都比以前好多了。」

我們大多數人在某些時刻都覺得自己像是個騙子，因為我們其實並不是別人認為的那樣。我認識的每位神職人員都在等待反詐騙小組出現，揭露我們沒有一個人覺得自己完全符這一職業的要求和標準的事實。所有父母很早就意識到，自己的孩子把他們想得比實際上更偉大，比尋常人更聰明、更強壯。我聆聽人們

坦承他們的缺點已經三十多年了，讓我明白，我們全都有不欲人知的祕密，我們全都有感到羞愧的事情——這事實上是正常人性的一部分。

然而，當你展現出來的自己與實際生活方式幾乎形成強烈對比時，你未來很可能會面臨極大的痛苦。我所認識最平靜、最快樂、最心平氣和的人，是那些努力並成功地讓自己的行為與信念緊密結合的人。這就是為什麼這個關於墓誌銘的問題並非只在你去世時才至關重要。

無論你是否打算擁有墳墓或墓碑，你都可以利用它們制定的約束來闡明你的意志：將你的人生精華濃縮成四行，每行不超過十五個字，投入一種效果強大的本質主義。

你的墓誌銘將在你死後為其他人留下重要的訊息。但更重要的是，現在選擇這些字句，與那些在你離開後將確實讀到或象徵性地刻在石頭上的人分享，是深思你最重視的價值觀及你是否正在實踐這些價值觀的機會。對我們大多數人來說，答案是「有時候」；對某些人來說，答案是誠實而痛苦的「沒有」。

做你渴望成為的人永遠不嫌遲。我的一位穆斯林朋友及社

群領袖如此說：「儘管做禮拜在我生活中一直很重要，但也有幾次，我因為做了不符合自己價值觀的事，覺得自己有罪、不配得到神的愛，而羞愧地放棄做禮拜。不過，一些讓我想起神的無限恩典、慈悲與愛的事物，幫助我重新開始做禮拜。當我對自己強烈批判時，我就會從魯米的這些話語中得到慰藉：『來吧，來吧，無論你是誰。流浪者、敬神者，或是喜愛離別者。都無所謂。這並不是絕望的車隊。來吧，即使你違背誓言上千次。還是來吧，再來一次吧，來吧，來吧。』」

英國席薇亞・羅斯柴爾德拉比透過馬丁・布伯[2]講述了偉大的哈西迪猶太教派蘇斯亞拉比的故事：

臨終前，他失控地哭了起來，他的學生及門徒努力安慰他。他們問他：「拉比，您為何哭泣？您幾乎和摩西一樣睿智，幾乎同亞伯拉罕一般熱情好客，天國肯定會對您有善意的評價。」

2 Martin Buber，二十世紀重要的猶太裔宗教哲學家，曾多次獲諾貝爾文學獎及和平獎的提名。

　　蘇斯亞回答他們：「這是真的。等我到了天國，倘若上帝問我：『蘇斯亞，你為什麼不能更像亞伯拉罕？』或是『蘇斯亞，你為什麼不能更像摩西？』我都不會太擔心。我知道我能夠回答這些質疑。畢竟，我雖然沒有亞伯拉罕的正直，也沒有摩西的信念，但是我盡力做到好客及思慮周到。但當上帝問我：『蘇斯亞，你為什麼不能更像蘇斯亞？』時，我該怎麼說呢？」

　　我們都只是凡人。我們絆倒跌跤、絆倒跌跤。我們會受到閃亮、空洞的東西誘惑而分散注意力。我們會迷失方向。有時，我們會背負著恥辱緩慢爬行，直到找到力量站起來，走上一條更正直、更富有愛心的道路。

　　大多數人認為墓碑是當我們不在時留給後人的東西，當然，確實如此。不過，在活著的時候選擇什麼是你去世後真正的遺言的機會是一項考驗，讓你檢視自己的人生，並且問：「你做了真實的自己嗎？」

我希望我的墓碑是一棵尤加利樹，其藥用價值會在我死後繼續留存。
我想在我離開後很長一段時間為他人提供遮蔭和慰藉，讓我所愛的人
有個地方可以冥想、更有意識地呼吸。如果他們決定要有個墓碑或某
種標記，我希望上面寫著：「懷抱著愛，靜默而坐。」

愛將我們所有人連結在一起。當有人愛我們時，我們就會成為更好的
自己。當我們寬恕彼此的過錯、互相幫助，我們就會一起成長、相互
滋養。回歸神之愛的根源，可以徹底改變我們最惡劣的狀況。你並不
孤單。神的氣息和慈悲永遠與你同在。

微笑

找到你的樂趣

感謝

或者：我在這件事上甚至無法寫一條完整的推特文？！？

Eshet Hayil[3]、媽媽、妻子、姊妹

阿姨、女兒、姪女

親戚、朋友

我意識到我是什麼人，與我周遭的人息息相關。除了身為母親和妻子外，我的身分是由我對家中其他人的奉獻而定義。每當遇到假日、慶祝活動和重大事件，我都是家中的核心。我是父母貼心的女兒、參與的阿姨、親愛的姊妹、傾訴的姪女、支持的親戚、忠實有趣的朋友。但最重要的是，我覺得自己是個勇敢的女人。我努力過著品行端正的生活，當我孩子及丈夫的好榜樣。

充實的人生

好好生活

---

3 意指有才德的女人。

敞開心胸和思維

邁向下一站！

他是個正人君子。

他熱愛他的家人，並為他們服務。

帶給我們歡笑。

不要為我立墓碑。

Hineni ──我在這裡。

丈夫、父親、祖父。
神的傑作多麼偉大。

盡心盡力的母親和妻子。為人父母很困難，獨自一人尤其如此。我所能做的就是盡力而為，希望總有一天他們會明白。

理查深愛他的家人，
並且讓他身邊的人變得更好。

我墓碑的第一部分要反映顯而易見的事實：我深愛我的家人。我希望世世代代的人都明白這點。我墓碑的第二部分要反映我人生的最終目標：讓身邊的人成為更好的人，這是我相信我們所有人都應該努力去做的事。在達成墓碑的這兩部分之前，我還有很長一段路要走，不過我會盡最大的努力，直到我死去的那一天。

親愛的母親和朋友，

因為其他都不重要。

事情可能並非

如表面所見，

但無論如何，

都要堅持下去。

摯愛的丈夫和父親。

一位傑出的治療師和正人君子。

他很享受人生。

他溫暖而充滿愛心。

他總是照顧別人。

他傳授智慧。

他說出真理。

我才不會幫他們寫呢。我已經花費很多時間寫了三篇，所以我不打算讓他們那麼輕鬆！不過，他們得找到《聖經》的某段經文，來傳達出我盡人類所能以某種方式救贖了前人的痛苦。

我提出的問題：

我是誰？

我想要什麼？

我該如何為人服務？

妻子和母親

女兒和朋友

糕點師傅和笑口常開的人！

社群建立者

我在丈夫的墓碑上寫了這樣一句話：「以後就是現在。」

這意味著，每當我問他一些他不想談的事情時，他總會說：「現在不行，以後再說！」我已經寫好我的墓碑，上面將會寫著：「最終，又在一起了。」

現在，輪到你了

你的墓誌銘會寫什麼呢？墓碑上每行可寫十五個字，總共四行。你希望上面寫些什麼？為什麼？

這個問題會讓你的道德遺囑不僅僅是在你過世後被你所愛的人珍惜的東西，而且是你捫心自問是否正在實踐自己理想的機會。

告訴你愛的人，你希望墓誌銘上寫些闡述你人生的事。然後問問自己，是否真的按照這些原則在過活，或只是在偽裝。如果你不喜歡這個答案，改變永遠不會太遲。

For You

When

I Am Gone

| 第十二章 |

你最後的祝福是什麼？

結尾就是結尾，不論之前有多少頁的句子和多少段精
彩故事引向它，總是會有最後一個字。

——莎拉・迪森[1]

---

1 Sarah Dessen，美國《紐約時報》暢銷榜冠軍作家。

六月份希爾賽德公墓寄來一封信，這種信件總能引起我的注意：「趕快購買，價格將在七月一日調漲。」我去過那座公墓五、六百次，也許更多。但是這回不一樣。這次是為了我自己，還有貝琪。我要買的是我們將永久居住的最後一塊不動產。

我考慮幾個可能的不同墓地選項，應該選哪一個呢？鄰近噴泉、長椅、小徑，或樹木？「這個。」我對銷售的女士說，選了一塊介於噴泉和長椅之間的雙人墓地。第五區，第十一排，第八號墓地，這是我永久的座標。我在那塊小矩形中站了很長一段時間。我感受微風吹拂。站在自己的墳墓上是件奇怪的事，也是件發人深省的事。

我想像在儀式開始前，莊嚴的葬禮承辦人在瞻仰遺容室撐開樸素的松木棺材蓋，對貝琪、亞倫、哈娜說：「慢慢來。」他們俯身凝視我蠟黃、毫無生氣的軀體。一切感覺像是在超現實的灰霧中以慢動作進行。他們以前所未有的方式近距離地觀察死亡。他們前所未有地感受到自己有一天也會死去。

瞻仰遺容完畢後，我看見失落的貝琪、亞倫和他未來的妻子、哈娜和她未來的丈夫、他們的小孩也就是我的孫子，坐在綠

色遮篷下的白色折疊椅上。我感到一股衝動，想在其他拉比幫忙他們撕開黑色緞帶、唸誦禱文、將泥土鏟到我的棺木上之前說句話——不是為了我自己，而是為了我如此深愛的人。我不知道在他們從我的墳墓轉身而去，緩緩地走回世間的最後時刻，我該說些什麼？我最想說的是：「我愛你們，我愛你們，我愛你們。」說上成千上萬遍。我想租一架飛機寫上夠多的「我愛你們」來填滿天空。到生命末了，除了愛，沒有什麼是重要的。

我會請亞倫和哈娜照顧貝琪，也照顧彼此。我想提醒他們，與我的肉身不同，我對他們的愛永遠不會消失。我想擁抱他們並向他們保證，他們最終會平靜地看待我的死去，因為我們在生活中分享了許多的美好和愛。我想擦去他們的眼淚，讓他們免於痛苦。「做個好人。用善意待人，」我溫柔地告訴他們。「再次快樂起來。原諒我最壞的一面，把最好的我放在你們心裡。」

但我什麼都不能對他們說。我已經走了。

等葬禮結束後，他們回到深色的豪華轎車上。亞倫鬆開領帶，哈娜和貝琪踢掉鞋子，他們回家吃貝果、聽故事，點亮搖曳的燭光，誦讀哀悼者的禱文。他們會哭了又笑，笑了又哭。

最後一個關於想像中的遺言的問題，是以不可能為前提。我們沒有人能跟參加自己葬禮上我們所愛的人交談。倘若這整本書中有句潛台詞，在眾多問題和回答中有一個教訓，那就是：不要等待。不要保留你最後的祝福直到你再也無法給出去。不要拖延講述你的故事。

請記住，你就是愛，你是由愛而生。要為生者而活，全神貫注地坐著，發自內心地說話。

謝謝你給了我活下去的理由。要誠實、忠於我們的信念。當你讀到一本精彩的小說，看見彩虹，或吃到一塊多汁的牛胸脯肉時，要想起我。

我過了最幸運的一生。我擁有最棒的家人和朋友。我會告訴他們去尋找自己的幸福。今天，在這場葬禮結束後，就立刻跟大家一起去

玩吧，每天都要過得像在這樣的日子之後的聚會，互相擁抱、享用美食、深入交談，彷彿其餘的世界都消失似的。跳舞、奔跑、唱歌、擁抱和體會，這就是人生。

我親愛的：

我愛你們，我以你們為傲，我相信你們。雖然我沒有親自與你們在一起，但願這精神準則能成為幫助你們找到方向的燈塔。

要善待自己、善待彼此。盡最大努力培養家庭中的關係。找尋樂趣並享受你們在世上的時光，想辦法讓這世界比你們發現它時更好一點。藉由愛的連結和簡單的事情來創造意義，而不是靠追逐權力、支配地位、名聲或金錢。你們已經夠好了，你們擁有足夠的東西。伸出援手，回饋社會。

表現出同理心和關懷。找到自己的同伴。要熱情友好，並富有包容心。當一個極為忠實、可靠的朋友。不過，如果有一群人或某個人表現出他們不想要你、不重視你，或是一再地背叛你，不要試圖讓他們

相信你的價值。那是他們的問題，他們不是你的同伴。平息你的怒氣。善用失望的這份禮物。離開吧，重新栽種你的花園。讓心靈留白，煮點食物，寬容待人。

直視三樣事情：殘酷、不誠實和痛苦。不要退縮，不要轉移目光。直率明白地面對卑鄙，包括流言蜚語。走向那些正在承受痛苦的人，盡你所能以關懷的方式去幫助家人、朋友，以及社群中和世界各地不幸的人，為他們創造改變。

找一份你夠喜歡的工作，然後誠信盡責地去做。盡情地跳舞、唱歌、游泳——尤其是在國外的水域。旅行可以開闊心胸、增進對他人的理解。聆聽現場音樂，偶爾放縱一下，喝上好的威士忌或葡萄酒。同時，注意我們家族遺傳的成癮問題和精神疾病。必要時，尋求、爭取和接受幫助。相信一夜好眠及新的一天帶來的希望。

給你們我所有的愛，

媽媽

彼此友善，互相照顧，永遠不要忘記家庭對你們的人生有多麼重要。

請明白，我沒有一天不對你們每個人心懷感激。每次看到你們的臉龐或聽見你們的聲音，我的心就盈滿充實。你們都太擔心會令我失望，我一直為你們在世上的表現感到驕傲；你們在世上的每一天，都讓這個世界變得更美好。將我對你們的愛存放在你們可以提取的地方，知道我一直在你們身邊，為你們加油，相信你們和你們的夢想。

我要說，謝謝你們愛我、接受我、擁抱我、支持我、關心我。我會祝福他們擁有承受痛苦的力量，驚奇地看見生命之美，喜悅地體驗生命的神聖，迎接每一天和他們自己的愛。

愛，愛，愛。愛勝過一切。就是這樣，僅此而已。不論發生了什麼事，試著找出以愛度過難關的方法。

請照顧我的妻子。我現在無法陪在她身邊，因此我懇求你們給她安慰和尊重，以及完整的愛。請成為彼此的福氣。互相關心，一起慶祝，親近彼此。

沒有人會像我這樣愛你們，因為沒有人會像我這樣了解你們。你們為我的每一天帶來意義和目標。我為你們每個人感到非常自豪。你們原諒了我無數次。對此，我感到抱歉，但我已經盡了全力。你們知道我大多數的缺點，但不是全部。你們知道我大多數引以為傲的事，但不是全部。

我並不想離開。但我很放心將我的世界交在你們手中。當你們看到一頭驕傲的虎鯨馳騁在浪尖上時，請想到我。你們的身影是留在我腦海與心中最後的影像。

我最後的祝福會像神職人員——在每次禮拜儀式結束時，以及我的婚禮和孩子的成年禮上，我總是發現他們的話語帶給我極大的平靜：

願永生神祝福你並保佑你。

願永生神寬容慈悲地對待你。

願永生神眷顧你並賜予你平安。

我有充足的時間來準備這最後一幕。現在輪到你了！我提醒你在活著的時候要留心自己的生活。停下來檢視，看看你是否在做最好的自己，然後問自己是否會為認識你而感到驕傲。我所有的愛，就是所有的家人！

珍惜你所擁有的，並更加深入地了解它。花時間好好欣賞我們牆上的藝術品和圖書館裡的書。時時刻刻都要學習。對他人感興趣。每個人都有故事，其中有些故事會改變人生。結交新朋友。與老朋友保持聯繫。負責計畫。幫助別人。出席。剩餘的就是評論了。

我現在在天堂了，與神同在，心情平靜。我會看顧你們大家。出去彰顯神的光輝吧。

今天我既悲傷又開心。我悲傷，是因為我不知道何時才能再見到我的家人和朋友；我已經很想念大家了。我開心，是因為我的至親好友都在這裡向我致最後的敬意。你可以擁有財富、物質、成功，但沒有什麼能勝過最棒的家人和朋友。沒有至親好友，其他一切都毫無意義。我的人生十分圓滿，因為我周圍都是一些很棒的人。我是個幸運的人。我的童年也許物質匱乏，但我父母愛我，給了我真正重要的一切：愛、良好的教育和實現目標的渴望。我身邊還有很好的朋友。我上了一流的學校，娶了一位了不起的女子，還有兩個很棒的孩子。是的，我是個幸運的人。

然後在五十八歲時，我遇到了第一個真正的逆境：我的孩子生病了。我哭泣、投入研究、尋求建議，最後我帥氣的兒子戰勝了地獄般的疾病。過去我擔心該上哪所學校、在哪裡工作，或能否贏得訴訟，這一切與我需要做卻似乎無法為我兒子做的事情相比，根本都毫無意義。

我很快就發現誰是我真正的朋友。他們想給予我安慰和支持，但我以前太習慣幫助別人了，所以無法讓他們來幫助我。在你受到傷害時接受別人的幫助，這是朋友之道，但我就是沒辦法接受。

孩子們，我無法告訴你們我為你們兩個感到多麼自豪。我希望你們愛自己的家人和朋友。我希望你們回饋社會，因為你們擁有一些別人沒有的機會。我希望你們仁慈、善良，並努力成為正人君子。

你們必須把家庭排在第一位。一位睿智的律師曾告訴我，我永遠不會後悔錯過一天的工作，但若是錯過孩子的比賽或活動，我永遠不會原諒自己。我從來不曾如此。因為我拒絕錯過那些時刻，所以談到看著你們長大時，我很少有遺憾。那位律師的建議或許是我所得到最佳的建議。你們要是偶爾聽從我的建議，那就太好了。

老婆，妳是我的好人指南針。妳有一顆非常善良的心，妳讓我成為更好的人。我很幸運娶了妳當我的妻子。

給所有我愛的人的祝福是，做你們熱愛並且快樂的事。你們要回饋社會，站在維護我們的遺產和傳統的最前線。我知道你們會這麼做的。

我不打算等到我的葬禮結束，而是在臨終時就和他們交談。他們知道我愛他們。以他們想要的方式記得我，既不需要也不應該伴隨著悲傷，只要回憶就好。我們不知道我會發生什麼，但很可能只是無痛的平靜。更重要的是，我的家人會怎麼樣。我會祝福他們繼續前進，只有他們知道該怎麼做。

願他們的人生充滿祝福。這句話實際的意思是人生短暫，有些生命是不圓滿的，有些生命價值有限 —— 希望他們的人生不包括在其中。我知道這是對積極祝福的消極解釋。我想，我需要再多一點時間來琢磨這個想法。

你媽媽和我盡了最大努力讓你們在安全的家庭中長大，在這個家裡感覺不到絲毫危險，不論是真實的或想像的。我們「免去了懲罰」、相互指責、傷害和威脅，反過來，我們也免於遭受危險世界的紛擾傷害。我們成立這個家並採行這種教養方式的想法是，一個人無法消除感知到危險的影響，但童年時期的安全感，可以幫助你們在即使情況發生變化時，也能在餘生中找到寧靜和平安。

我最後的祝福是，鼓勵我的家人懷著感恩的心，接受生活、全心全意
地活在當下，不要擔心進入親密關係，不要害怕脆弱、真正的誠實和
深厚的愛。我祝福他們在每段關係中都能真實、坦白、真誠，祝願他
們的披薩上有額外的起司，聖代上有額外的熱巧克力醬，有額外的假
期在海灘上遊玩。我希望他們能夠得到我過去經常拒絕的祝福——跳
出舒適圈，去發現真實的自我，以及自己能多麼深愛和感受快樂。

不要悲傷。我並沒有離開。我一直都在你們身邊。向前走，不要後
退。我會跟你們一起走下去。

現在，輪到你了

　　如果你能在自己的葬禮結束時對家人說幾句話，你會說些什麼？你給他們最後的祝福是什麼？

　　這是我的最後一個問題。希望你連同本書中的所有其他問題一起回答，然後用這些答案當素材來撰寫自己的道德遺囑，讓它成為給你最愛的人的一封情書。讓他們沉浸在你的價值觀、信念、得來不易的智慧和堅定不移的愛中。告訴他們你的真相，告訴他們你的故事，讓他們把你放在心裡，一如你將他們放在心裡；無論是現在，還是在你離開了之後。

最後一次告別，不談悲傷只說愛

有人說，
一個詞被說出口
即已死去。
我說，
這正是它生命的開始。

——艾蜜莉・狄金生[1]

大多數時候，寫作是一項艱苦的工作，甚至是情緒上的煎熬。第一個說出：「寫作容易得很；只要打開靜脈流血就行了」的人說得太棒了。我有時會盯著電腦螢幕一連好幾個鐘頭。很多時候，我能做的只是帶著童年在明尼蘇達老家車道上鏟雪時那樣的感覺來寫作——推、抬、扔，推、抬、扔，完成一排

---

[1] Emily Dickinson，十九世紀美國知名女詩人。

接一排，再一排。這是個枯燥、累人的苦差事，而且有點令人沮喪，因為你知道明天編輯寄批註過來時還會再下雪，你又得重新再鏟一遍這條該死的車道。

　　不過，也有些難得、完美、永恆的時刻，文字是透過我寫出來，而不是我創造的；彷彿我的手指是天堂靈感的管道，我只是人間的信使。那種感覺非常神奇，值得我熬過這趟寫作地獄的旅程以到達那裡。

　　我兩次坐下來寫道德遺囑給孩子時，都感受到那樣奇蹟似的文思泉湧。每次真的都只花了幾分鐘就寫完，幾乎一點都不需要編輯。當我問自己為什麼時，我想，原因和寫作猶如打開靜脈的那句引言有關，只不過打開的是我的心，而不是血管。毫無疑問地這也是因為，如我開頭所說，多年來我一直拿這本書中的問題來問別人，也問自己。在這趟旅程中，我們一起思考過這些講述我們人生故事的問題，正如在旅程一開始我承諾過的，以下是我的道德遺囑、真相，以及給我最愛的人的遺產，無論是現在，還是在我離開以後。

親愛的亞倫和哈娜：

我人生中最美好的時光，都是跟你們以及媽咪在一起，圍坐在餐桌旁歡笑著。在那些時刻，我感到無與倫比的富足和平靜。這樣的愛，比什麼都重要。與一個和媽咪一樣好的人共度人生，你們將會擁有許多那樣的時光。別擔心，當那個人出現時，你們心裡就會明白。那是一種具有強大力量、療癒、美好的愛，要好好掌握。

與工作要保持健全的關係。盡最大的努力去做，但工作不等同於你的生活。我經常把這兩者混為一談，希望你們不會如此。花時間走入大自然。大自然會讓你們想到神，想到真正的偉大；大自然會讓你們平靜下來，讓你們停下腳步、呼吸、靜止不動、諦聽；大自然會以其深奧及重要性，幫助你們感知到自己的卑微和渺小。當你們徜徉大自然時要想起我，感受並知道我的靈魂陪伴著你們。

不要對宗教翻白眼。讚頌那些讓你們與眾不同的特點。與你們所愛的人圍坐在餐桌旁時，你們可以從我們的祖先、祈禱、安

息日、蠟燭、暖烘烘的麵包和葡萄酒、慷慨、信仰中學到很多很多東西——非常多。

在你們擔憂的時候，請記住，大多數事情的結果都比我們預期的要來得好。當焦慮、悲傷、失落、痛苦來臨時，就倚靠你們所愛的人吧。不要獨自承受痛苦，那樣的情況會更糟。這是你們應該找一個像媽咪那樣的人去愛的另一個原因。沒有她，我就無法呼吸。

我以前很愛跳舞，可是自從我成為公眾人物後，我就不再於婚禮和派對上跳舞了——我擔心別人的看法、害怕丟人現眼而不敢跳舞。現在我後悔了。這對你們來說是不好的示範，也剝奪了我自己的樂趣。不要因為擔心別人的看法而阻礙你們跳舞、唱歌或去愛。別讓任何事、任何人制止你做自己靈魂渴望的事。盡情地享受生活，才不會帶著渴望的靈魂死去。

細數你們的幸福。當你們覺得自己不如人，或是想要更多，抑或者深陷自憐的泥淖中，這些我們每個人都經歷過的情況時，環顧四周，一遍又一遍地數算自己的幸福，直到計算出一百項。當你們心懷感激，一切都會變得更容易。

同情他人。人們行為惡劣，是因為他們受到了傷害——讓你們第一個衝動的念頭具有同理心。話雖如此，但是你們的生活中會有少數人要求太多，那些人刻薄、自戀、消極，讓你們覺得自己很糟糕。把這些人從你們的生活中剔除吧，你們沒辦法修好他們的。

做好自己，其他的事情自會解決。和你們所愛的人一起看世界。要珍惜時間；時間比事物重要多了。我和你們以及媽咪共度的時光，讓我的人生有了價值。我希望你們現在能擁有那樣的愛，等我走後還能擁有那樣的愛。在我離開時，請唸誦哀悼者的禱文，並為我點燃一根蠟燭。感受蠟燭的暖度，知道我仍然愛著你們。

爸爸

我向你保證，倘若你效法那些誠實回答本書中每個問題的人，你就會獲得撰寫自己的道德遺囑所需要的素材。值得注意的是，大多數提供答案的人並不認為自己是「作家」，其中有些人是第一次思考這些問題。我保證，如果你真誠地考慮這些問題，

如果你完全敞開心扉坐下來寫自己的道德遺囑，那種神奇的文思泉湧就會出現在你身上；你只需要花幾分鐘就能完成，而不是花上幾小時或幾天。寫完後，與你寫作的對象分享——那些你深愛的人。給他們一份副本，讓他們保留。等你走後，這肯定會成為他們留存的最珍貴的寶藏。

致謝詞

　　儘管我答應不公開他們的姓名，因此無法提及他們的名字，但是我要向我的每一位朋友表達深切的感激，其中有學者、政界和宗教界的領袖、作家、新聞記者、名人、老師，以及生活觀察家，他們大方地同意回答這十二個具有挑戰性的問題，這些問題是本書的核心。我也深深感謝這個任何作家都會希望得到的最佳團隊：我的經紀人和知己Stephanie Tade；才華洋溢的編輯Caroline Sutton和Stephanie Higgs，以及Caroline的助理Hannah Steigmeyer與Natasha Soto；公關專家Anne Kosmoski、Farin Schlussel、Mara Freedman；還有編審Kim Lewis。感謝Gretchen van Nuys為原稿中引用的資料取得必要的許可，還要謝謝我的助理Samantha Rosen處理我生活和工作上的許多細節。

　　這本書是為了我們每個人心中最重要的人而寫。我真心誠意地希望閱讀本書的你明白，你對我來說非常重要。這本書是寫給你和你所愛的人，是我發自內心寫給你們看的。自從我的父親過世後，我了解到即使在一個人死後，尤其是在他們去世以後，我

們仍然可以深深地愛著他們。

　　謝謝貝琪，妳既是我的妻子，也是我最親密的朋友。最後，這本書是寫給我們的孩子亞倫和哈娜。媽咪和我對你們的愛無法用言語表達，我們知道你們也愛我們。我們希望在我們活著以及離開後的每一天，你們都能感受到那份愛。

國家圖書館出版品預行編目資料

給在我離開後的你：12個真情叩問，細訴埋藏心中的愛、遺憾與盼望／史蒂
夫・萊德（Steve Leder）著；黃意然譯. -- 初版. -- 臺北市：日月文化出版股
份有限公司，2023.12，256面；14.7×21公分. --（大好時光；76）
譯自：For You When I Am Gone: Twelve Essential Questions to Tell a Life Story
ISBN 978-626-7405-01-7（平裝）

1.生死學　2.生命教育

197　　　　　　　　　　　　　　　　112017837

大好時光 76

給在我離開後的你
12個真情叩問，細訴埋藏心中的愛、遺憾與盼望
For You When I Am Gone: Twelve Essential Questions to Tell a Life Story

作　　者：史蒂夫・萊德（Steve Leder）
譯　　者：黃意然
主　　編：謝美玲
封面設計：好春設計・陳佩琦
美術設計：林佩樺

發 行 人：洪祺祥
副總經理：洪偉傑
副總編輯：謝美玲
法律顧問：建大法律事務所
財務顧問：高威會計師事務所
出　　版：日月文化出版股份有限公司
製　　作：大好書屋
地　　址：台北市信義路三段151號8樓
電　　話：（02）2708-5509　傳　　真：（02）2708-6157
客服信箱：service@heliopolis.com.tw
網　　址：www.heliopolis.com.tw
郵撥帳號：19716071 日月文化出版股份有限公司

總 經 銷：聯合發行股份有限公司
電　　話：（02）2917-8022　傳　　真：（02）2915-7212
印　　刷：禾耕彩色印刷事業股份有限公司
初　　版：2023年12月
定　　價：350元
I S B N：978-626-7405-01-7

生命，因閱讀而大好